本专著为国家自然科学基金项目（71761029，72261028）

信用债风险缓释工具在投资组合优化中的应用研究

杨瑞成　邢伟泽　游　玮◎著

企业管理出版社
ENTERPRISE MANAGEMENT PUBLISHING HOUSE

图书在版编目（CIP）数据

信用债风险缓释工具在投资组合优化中的应用研究 / 杨瑞成，邢伟泽，游玮著 .—北京：企业管理出版社，2023.9

ISBN 978-7-5164-2968-6

Ⅰ . ①信… Ⅱ . ①杨… ②邢… ③游… Ⅲ . ①债券 – 风险管理 – 研究 Ⅳ . ① F810.5

中国国家版本馆 CIP 数据核字（2023）第 191436 号

书　　名：	信用债风险缓释工具在投资组合优化中的应用研究
书　　号：	ISBN 978-7-5164-2968-6
作　　者：	杨瑞成　邢伟泽　游　玮
策　　划：	杨慧芳
责任编辑：	杨慧芳
出版发行：	企业管理出版社
经　　销：	新华书店
地　　址：	北京市海淀区紫竹院南路 17 号　邮编：100048
网　　址：	http://www.emph.cn　电子信箱：314819720@qq.com
电　　话：	编辑部（010）68420309　　发行部（010）68701816
印　　刷：	北京亿友创新科技发展有限公司
版　　次：	2023 年 10 月第 1 版
印　　次：	2023 年 10 月第 1 次印刷
开　　本：	710mm×1000mm　　1/16
印　　张：	13.00 印张
字　　数：	198 千字
定　　价：	78.00 元

版权所有　翻印必究·印装有误　负责调换

前　言

过去二三十年来，金融领域一些最伟大的进步均出现在风险管理领域。理论的发展使我们能够分解风险因素，从而更好地对风险因素进行识别与定价。新的工具不断被创造出来，使得从业人员能够更积极地管理风险，适时剥离不适合持有的风险敞口，同时保留（或杠杆化）那些可以反映他们相对优势的风险敞口。实际结果是，风险管理工具市场呈指数级增长。现在，所有类别的机构和投资组合经理都在积极使用这些工具。风险管理新技术背后的基本逻辑依赖于数学创新。这些复杂的新兴方法具有重要的优势，但也有其局限性，其关键优点是分析的严谨性。这种严谨，辅以现代信息技术的计算能力，使投资组合经理能够快速评估单个工具的风险特征，并衡量其对投资组合整体风险结构的影响。

本书结合中国债券市场具体情况对以上几点做出了回应。自2014年中国债券市场违约实例出现以来，违约事件屡屡发生，尤其是债券市场中民营企业多发的违约现象，严重损害了投资者投资民营企业债券的意愿和信心，造成民营企业融资难度和融资成本进一步增大。本书基于中国债券市场数据，以双因子CIR模型刻画债券的违约强度，运用状态空间模型和卡尔曼滤波技术对双因子CIR模型进行参数估计，在此基础上计算了债券的违约概率，并提出了债券风险值、债券总体风险、债券动态风险、债券随机收益等一系列概念，从而依据投资者不同需求角度设置了跟踪目标与目标函数，为投资者合理运用信用衍生品规避债券违约风险提供了有效方法。

  本书的撰写意在让读者更好地掌握投资组合管理技术并摆脱对统计建模技术的依赖。通过更好地理解所涉及的技术，投资组合经理和他们的客户将成为金融系统中消息更灵通、效率更高的参与者，这对投资效率和稳定性都有益处。

  本书在撰写过程中，课题组成员赵文静、王雪涛两名研究生做了大量的工作，在此特别说明并表示感谢。由于笔者水平有限，书中难免存在疏漏之处，希望广大读者提出宝贵意见。

目 录

第1章 绪 论 ········· 001
  1.1 研究背景 ········· 002
  1.2 研究意义 ········· 003
  1.3 研究方法 ········· 004
  1.4 结构安排 ········· 005

第2章 基本概念与理论描述 ········· 007
  2.1 信用违约互换介绍 ········· 008
    2.1.1 信用违约互换参与主体 ········· 008
    2.1.2 标的资产 ········· 009
    2.1.3 信用事件 ········· 010
    2.1.4 信用违约互换交易机制 ········· 010
  2.2 金融风险管理理论 ········· 012
    2.2.1 设定目标风险水平 ········· 012
    2.2.2 识别风险的类别 ········· 012
    2.2.3 量化风险值 ········· 013
    2.2.4 控制风险 ········· 013
  2.3 CDS 交易对手风险 ········· 015
  2.4 信用衍生品定价理论 ········· 016

2.5 投资组合理论 ··· 017
2.6 VaR 理论 ··· 018
2.7 CVaR 理论 ·· 019
2.8 Markowitz 的均值方差模型 ·· 020
2.9 鲁棒优化原理 ··· 020
2.10 CVaR 鲁棒均值方差优化理论 ·· 021

第 3 章　简约模型下违约概率的测算及衍生品定价 ······················ 023

3.1 基于双因子 CIR 违约强度过程的违约概率测算 ······················· 024
3.2 基于卡尔曼滤波的双因子 CIR 模型参数估计 ·························· 025
　　3.2.1 状态空间模型构建 ·· 025
　　3.2.2 卡尔曼滤波递归 ··· 027
　　3.2.3 违约强度初值估计 ·· 029
3.3 约化方法框架下不考虑交易对手风险的 CDS 价差测算 ·········· 030
　　3.3.1 CDS 固定支付端现金流的现值计算 ························· 030
　　3.3.2 CDS 或有赔付端现金流的现值计算 ························· 030
3.4 约化方法框架下考虑交易对手风险的 CDS 价差测算 ············ 033

第 4 章　CRMW 风险缓释效用目标跟踪的债券投资组合优化策略研究 ··· 037

4.1 CRMW 风险缓释能力度量结构创建 ······································ 038
　　4.1.1 债券风险加权收益率测算 ······································ 038
　　4.1.2 "债券+CRMW" 风险加权收益率测算 ····················· 039
　　4.1.3 基于 β 分位点的 CRMW 风险缓释效用构建 ············ 039

4.2 市场平均风险缓释效用目标跟踪的投资组合优化模型构建⋯ 042
　　4.2.1 仿真分析 ⋯⋯⋯⋯⋯⋯⋯⋯⋯⋯⋯⋯⋯⋯⋯⋯ 044
　　4.2.2 结论 ⋯⋯⋯⋯⋯⋯⋯⋯⋯⋯⋯⋯⋯⋯⋯⋯⋯ 055
4.3 平均总体风险缓释目标跟踪的债券投资组合优化模型构建⋯ 056
　　4.3.1 仿真分析 ⋯⋯⋯⋯⋯⋯⋯⋯⋯⋯⋯⋯⋯⋯⋯⋯ 058
　　4.3.2 基于平均总体风险缓释目标跟踪的投资组合优化仿真
　　　　 （模型Ⅱ） ⋯⋯⋯⋯⋯⋯⋯⋯⋯⋯⋯⋯⋯⋯⋯⋯ 059
　　4.3.3 仿真分析结论 ⋯⋯⋯⋯⋯⋯⋯⋯⋯⋯⋯⋯⋯⋯ 069
4.4 动态风险缓释目标跟踪的投资组合优化模型构建⋯⋯⋯⋯ 070
　　4.4.1 仿真分析 ⋯⋯⋯⋯⋯⋯⋯⋯⋯⋯⋯⋯⋯⋯⋯⋯ 072
　　4.4.2 不同风险转移比的投资组合优化仿真分析 ⋯⋯⋯ 077
　　4.4.3 不同目标收益率的投资组合优化仿真分析 ⋯⋯⋯ 079
　　4.4.4 不同 β 分位点及风险转移比的投资组合优化仿真
　　　　 分析 ⋯⋯⋯⋯⋯⋯⋯⋯⋯⋯⋯⋯⋯⋯⋯⋯⋯⋯ 082
　　4.4.5 结　论 ⋯⋯⋯⋯⋯⋯⋯⋯⋯⋯⋯⋯⋯⋯⋯⋯⋯ 086

第 5 章　具有 CDS 保障的投资组合鲁棒优化研究 ⋯⋯⋯⋯⋯⋯ 087

5.1 具有 CDS 保障的信用债投资组合收益度量 ⋯⋯⋯⋯⋯⋯ 088
　　5.1.1 信用债在整个生命周期内不发生违约 ⋯⋯⋯⋯⋯ 088
　　5.1.2 信用债违约时刻 $\tau \in (t_0, t_1]$ ⋯⋯⋯⋯⋯⋯⋯⋯⋯ 089
　　5.1.3 信用债违约时刻 $\tau \in (t_{i-1}, t_i](i \geqslant 2)$ ⋯⋯⋯⋯⋯⋯ 089
5.2 鲁棒优化模型构建 ⋯⋯⋯⋯⋯⋯⋯⋯⋯⋯⋯⋯⋯⋯⋯⋯ 091
5.3 仿真分析 ⋯⋯⋯⋯⋯⋯⋯⋯⋯⋯⋯⋯⋯⋯⋯⋯⋯⋯⋯⋯ 093

5.3.1　参数估计 ……………………………………………… 094
　　　5.3.2　CDS 价差测算结果分析 ……………………………… 096
　　　5.3.3　具有 CDS 保障的信用债投资组合鲁棒优化策略 …… 097
　5.4　对比分析……………………………………………………… 112
　　　5.4.1　具有 CDS 保障和不具有 CDS 保障的信用债投资
　　　　　　 组合稳健最优收益比较 …………………………… 112
　　　5.4.2　鲁棒优化策略与 Markowitz 均值 - 方差策略下投资
　　　　　　 组合决策比较 ……………………………………… 116
　5.5　研究结论……………………………………………………… 120

第 6 章　基于 CVaR 鲁棒均值 – 方差模型的债券投资组合优化研究
——以是否选择 CDS 缓释债券违约风险为视角 …………… 123
　6.1　选择 CDS 保护的模型构建 ………………………………… 124
　　　6.1.1　无 CDS 保护的信用债随机收益测算 ………………… 124
　　　6.1.2　有 CDS 保护的信用债随机收益测算 ………………… 126
　　　6.1.3　选择 CDS 保护的模型构建 …………………………… 129
　6.2　基于 CVaR 鲁棒 – 均值方差模型的投资组合优化策略…… 130
　6.3　仿真分析……………………………………………………… 134
　　　6.3.1　债券选取 ………………………………………………… 134
　　　6.3.2　双因子 CIR 模型的参数估计 ………………………… 135
　　　6.3.3　考虑交易对手风险的 CDS 价差测算结果 …………… 136
　　　6.3.4　不同交易对手违约强度对 CDS 价差的影响 ………… 138
　　　6.3.5　不同 ρ 对 CDS 价差的影响 ………………………… 139

  6.3.6 交易对手违约强度变化对投资者选择 CDS 保障信用债的影响 ……………………………………………… 140

  6.3.7 债券投资组合优化仿真 ……………………………… 142

  6.3.8 均值方差模型下最优投资组合 ……………………… 143

  6.3.9 基于 CVaR 鲁棒均值方差模型的投资组合最优策略 … 145

  6.3.10 夏普比率对比分析 ………………………………… 153

6.4 研究结论及未来展望 ……………………………………………… 155

  6.4.1 研究结论 ……………………………………………… 155

  6.4.2 未来展望 ……………………………………………… 157

第 7 章 极端市场利率风险下考虑交易对手风险的债券投资组合优化策略研究 ……………………………………………… **159**

7.1 违约损失测度 ……………………………………………………… 160

  7.1.1 债券折现计算 ………………………………………… 160

  7.1.2 违约损失测算 ………………………………………… 160

7.2 市场风险测度 ……………………………………………………… 163

  7.2.1 久期 …………………………………………………… 164

  7.2.2 凸性 …………………………………………………… 165

  7.2.3 估计价格变化 ………………………………………… 165

  7.2.4 利率风险测度 ………………………………………… 166

7.3 极端利率情况下具有 CRMW 保障的最优投资组合模型构建 …… 169

7.4 仿真分析 …………………………………………………………… 174

  7.4.1 数据选取 ·· 174
  7.4.2 双因子 CIR 模型的参数估计 ······················· 176
  7.4.3 市场风险测算结果 ···································· 177
  7.4.4 极端利率变化情况下具有 CRMW 保障的信用债
     投资组合优化策略 ···································· 179
 7.5 研究结论及未来展望·· 185
  7.5.1 研究结论 ·· 185
  7.5.2 未来展望 ·· 187

参考文献·· 189
后记·· 197

第1章 绪 论

1.1 研究背景

作为金融市场的重要组成部分，债券市场一直以来都是政府、金融机构、企业、投资者的重要投融资渠道，为社会提供了众多的低风险投融资工具。自 2014 年中国债券市场出现违约以来，违约事件屡屡发生，截至 2019 年 7 月 31 日，已有 358 只债券发生违约，违约债券本金规模达 2727 亿元。以 2018 年为分界线，此前的政策条件较为宽松，企业大量融资，负债扩张已成常态，甚至采用借新债还旧债的发展模式，而此模式在 2018 年的金融严监管环境下难以复制。与此同时，市场参与者整体风险偏好下降和债市的大量违约进一步使倾向规避风险的投资者退出债券市场。2019 年第一季度，企业违约情况较 2018 年三四季度已有好转，但仍高于 2018 同期的违约数量。

债券市场民营企业违约现象频频出现，严重挫伤了民营企业债券投资者的意愿和信心，造成民营企业融资难度与成本进一步增大。CDS 作为一种可以实现风险转移策略的信用风险缓释工具，在国际上被广泛用于转移资产的信用风险来为资产提供保障，近年我国也明确鼓励对其进行探索与发展。CDS（Credit Default Swap），即信用违约互换，是金融衍生工具市场中最为重要的信用风险缓释工具，是一种涉及 CDS 买卖方的双边合约。CDS 可以被看作是一种违约保险，基于这一"保险"模式，如若信用债到期不能按照约定兑付，购买信用债的投资者就可以从提供这份"保险"的第三方机构那里得到约定的补偿，一般称购买信用债的投资者为信用保护买方，提供"保险"的第三方机构为信用保护卖方。针对信用风险问题，央行着力推进民营企业债券融资支持工具的发展，主要形式就是鼓励发行针对民营企业债券的信用风险缓释工具 CRMW（信用风险缓释凭证——

第 1 章　绪　论

Credit Risk Mitigation Warrant），即"中国版"的 CDS。

1.2　研究意义

信用风险缓释凭证 CRMW 作为中国版的 CDS（信用违约互换）于 2010 年推出，是中国创新发展的信用风险缓释工具，但至 2018 年初仅成功发行 10 只，创设机构有商业银行和担保公司，发行对象是经中国银行间市场交易商协会备案的信用风险缓释工具核心交易商或信用风险缓释工具交易商。2018 年 10 月，我国债券市场违约形势严峻的背景下，针对民营企业融资难题，央行决定为经营正常但暂时遇到流动性困难的民营企业发债提供增信支持，具体形式就是针对上述企业发行的债券创设对应的信用风险缓释凭证 CRMW。此后，在我国发行的 CRMW 迎来井喷式发展，2018 年 9 月至 2019 年 6 月共创设 98 只 CRMW，发行总规模达 159.73 亿元。2019 年 5 月央行表示，CRMW 的创设已经取得较为明显的效果，民企发债困难的情况得到显著改善。

虽然目前我国的 CRMW 运用取得了一定的成果，但作为中国版的 CDS，也要防止其过度使用可能带来的负面作用。CDS 全称为信用违约互换，是目前世界上最主要的信用风险缓释工具，标准化的信用违约互换初创于 1998 年，此后得到了极为迅速的发展，2004 年末其市场规模增至 6.4 万亿美元，2007 年其市场规模达到顶峰 58.24 万亿美元。古语有云"盛极必衰"，金融危机的爆发一朝摧毁了 CDS 大厦。尽管现在 CDS 的市场规模仍十分庞大，但再也不复 2007 年的盛况。此间，CDS 被认为是 2008 年金融危机的主要推手，其大范围使用既没有受到相应的监管，也没有发挥转移信用风险的功效，这主要是由于监管机构和交易双方并没有重视 CDS 交易带来的对手方风险，尤其是信用保护买方并未重视甚至忽略此类风险，同时监管层面也缺乏相关的制度来管理对手方违约风险。许多学者的研究表明，金融危机期间，CDS 对金融危机起到了推波助澜的作用，也为风险在市场中的传导提供了渠道。金融危机让世界更理性地认识 CDS，将交易对手风险纳入研究范围，既要看到其分散转移信用风险、抚平信用事件对市场冲击、提供市场信息的正面作用，也要认识到其过度使用可能产生的负面作用。

尽管关于 CDS 已有许多研究，但就 CDS 风险缓释能力的定量研究仍较为少见。本书基于中国版 CDS—CRMW 提出了不同角度的信用风险缓释度量方法，使得信用衍生品的违约风险缓释能力得到量化，并根据度量结构研究了信用衍生品在债券投资组合中的运用。这将有助于发挥衍生品缓释信用风险的正面作用，优化其在投资组合中的运用，也将为限制、削弱可能产生的负面作用提供可用的工具。

1.3 研究方法

本文主要采用理论分析法、仿真分析法、比较分析法进行研究。

（1）理论分析法。理论分析法主要是以衍生品定价模型、均值—方差理论、鲁棒优化理论及 CVaR 理论为基础，建立具有衍生品保障的信用债投资组合鲁棒优化模型。

（2）仿真分析法。基于中国信用债市场数据，通过仿真分析法实现模型在市场中的应用，以此为投资者提供决策建议。

（3）比较分析法。运用比较分析法将鲁棒优化模型与均值方差模型分析法进行对比，并在鲁棒优化方法下，比较具有衍生品保障和不具有衍生品保障的信用债投资组合的收益、风险及夏普率。

1.4 结构安排

本书根据不同的信用衍生品缓释信用债的信用风险，并利用双因子 CIR 模型描述信用债违约强度的动态过程，基于此给出了一系列具有信用衍生品保障的信用债投资组合度量结构概念，并进一步构建投资组合鲁棒优化模型，以寻求不同目标下的投资组合最优配比及最大收益，为投资者提供更为稳健的决策选择。本文共分为八章，各章内容分别描述如下。

第一章为绪论，介绍了本书的研究背景及意义，并描述了国内外研究现状，然后对书中研究内容与研究方法加以说明，指出其创新点与不足之处。

第二章介绍相关概念及概述基本理论，介绍了信用衍生品的基本概念及交易机制，阐述了信用衍生品的基本定价理论，并对交易对手风险进行了描述。首先介绍了金融风险理论及国内外信用衍生品的发展历史及其相关定价理论，其次从 Markowitz 投资组合理论开始，对投资组合的模型发展进行了描述，进一步阐明了鲁棒优化方法理论及 CVaR 理论的概述与作用机理。

第三章首先介绍了双因子 CIR 违约强度模型测算违约概率，并基于卡尔曼滤波技术及状态空间模型对双因子 CIR 模型进行参数估计，进一步得到了考虑交易对手风险及不考虑交易对手风险的 CDS 价差的表达式。

第四章创造性地提出了量化 CRWM 缓释债券违约风险能力的风险缓释效用 DRMU，为准确度量 CRMW 的缓释风险能力提供了工具和新的思路。以规避信用风险缓释工具可能产生的负面效应为目的，从市场中所有 CRMW 平均风险缓释效用的角度，制定了市场平均风险缓释效用目标；从"债券 + CRMW"投资组合"总体风险"的角度，制定了平均总体风险缓释目标；以不同风险出现的概率为切入点，借助概率分位点理论，制定了动态风险缓释目标。这些目标从不同角度或不同风险考量，为规避信用风险缓释工具可能产生的负面效应、合理使用 CRMW 缓释债券违约风险提供了多种思路及方法。

第五章通过分析违约发生在不同时点单只具有 CDS 保障的信用债和不具有 CDS 保障的信用债的随机收益，得到信用债投资组合的随机收益，并基于此构建鲁棒优化模型，以期得到稳健的投资策略。

第六章将 CDS 与中国债券市场相结合，并将交易对手风险纳入研究中，通过分析发生在不同时刻的信用债违约，分别构建具有 CDS 保护的信用债的随机收益模型和不具有 CDS 保护的信用债随机收益模型，并在此基础上构建选择 CDS 配比模型，为投资者选择债券配比 CDS 提供参考。

第七章将 CRMW 与中国债券相结合，构建了"债券 + CRMW"的信用风险和市场风险的测度模型，计算了"B+C"当前价值，并基于 CVaR 风险测度方法和马科维茨投资组合理论构建了宏观市场极端利率波动情况下投资组合最优策略模型，为投资者债券最优投资组合配比提供参考。

第 2 章　基本概念与理论描述

2.1 信用违约互换介绍

信用违约互换（CDS）是一种类似保险的合约，最初设立的目的是规避巴塞尔协议对银行业的严格资本金要求。伴随其发展，CDS逐渐向规避风险、提高资金使用效率进行转变。CDS可以保证投资者在受到损失之后，将损失转移给CDS发行金融机构。具体交易机制为：信用保护买方与信用保护卖方在事前签订一份CDS合约，合约中规定CDS期限、价差、信用事件等信息。合约存续期间，信用保护买方按照合约规定定期向信用保护卖方支付CDS权利金，若违约事件未发生，合约到期自然停止；若合约规定的违约事件发生，信用保护卖方应按照合约规定向信用保护买方支付赔偿，合约随之终止。CDS合约最大特点是在分离信用风险时能够保留投资者对标的资产的所有权，帮助投资者应对未来风险的不确定性。

2.1.1 信用违约互换参与主体

一份CDS合约签订涉及三个交易主体，分别为信用保护买方、信用保护卖方和标的资产。

1. 信用保护买方

信用保护买方即需要将信用风险转移出去的一方。CDS不仅具有风险转移功能，还可实现市场（资本）套利。根据投资者投资CDS的不同目的，可将信用保护买方分为以下三类。

（1）金融机构。当前商业银行、投资银行等金融机构是资金的主要提供方，持有大量实体经济的贷款或者债券等风险性金融产品，导致金融机构逐渐积累了大量的风险。为对冲信用风险、满足监管部门的监管要求，这类金融机构会选择购买CDS来转移风险。

（2）市场投机者。最初，CDS的买方多为标的资产的持有者，购买CDS主要是出于规避风险的目的。但随着金融市场的不断发展，CDS合约不再规定信用保护的买方必须持有标的资产，结算方式也不再局限于实物结算，而是逐步向现金结算和拍卖结算进行转变。由于CDS是一款具有较大杠杆性的产品，可以在不持有标的资产时以小博大，出于投机目的，投资者投资CDS来实现套利。

（3）出于投资目的的银行。一些商业银行将CDS作为基础产品，在此之上设计一些个性化产品，以满足不同客户的特定需求。

2. 信用保护卖方

信用保护卖方是整个CDS合约的核心，是CDS的提供方，主要是保险公司、对冲基金等，商业银行和投资银行也会参与一部分。由于保险公司的资金具有期限长、资金量大等特点，因而较适合期限较长的资产投资，但是当前我国监管部门对于保险资金投资范围有一些限制，保险公司不能够从事银行信贷类业务。因此，保险公司为了实现投资领域多元化、平滑和分散投资组合风险、增加整个投资组合收益，于是通过信用衍生品间接进入信贷市场。

对冲基金也是信用违约互换的主要卖方，这是由于CDS有较大的杠杆，而对冲基金本身遵循高杠杆的运行法则，参与CDS，对冲基金可以实现在不动用大量的自有资金的情况下，承担信贷资产的信用风险以获得较高收益。

2.1.2 标的资产

合约的标的资产是指信用保护买方所投资的资产，信用保护买卖双方所交易的就是其信用风险，CDS合约中并不涉及标的资产的发行主体。标的资产的信用状况是CDS定价的主要依据，标的资产主要是公司、某一国家或地方政府发行的债券、国家主权债务或政府发行的债券。CDS 合约中，一类标的资产是特定的债券或信贷资产，只对特定债券的违约进行保护；还有一类标的资产是针对某一特定公司或国家，合约规定的信用事件为债务主体违约或破产，对其发行的债券的违约风险进行保护。

2.1.3 信用事件

信用事件即合约中的参考资产发生违约。在设计信用违约互换合约时，信用保护卖方的支付取决于信用事件是否发生。ISDA 明确定义了以下几种信用事件：无法偿付、破产；债务加速恶化；不履行债务；拒绝清偿/延期偿付。

2.1.4 信用违约互换交易机制

CDS 交易合约主要涉及三个参与主体，分别为：信用保护买方、信用保护卖方、标的资产。合约内容主要包括：CDS 价差、合约期限、信用事件。在信用事件发生后，合约结算有三种方式：实物结算、拍卖结算、现金结算。CDS 交易机制如图 2-1 所示。

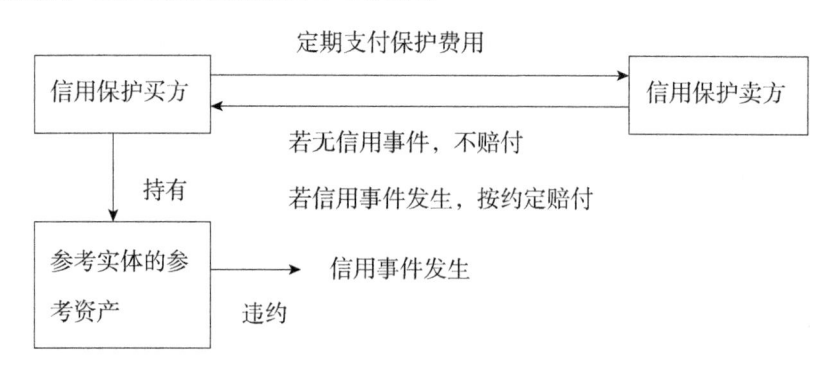

图 2-1 CDS 交易机制图

假设一份 CDS 合约规定：合约开始时间为 0，到期时间为 T，标的资产面值为 M，CDS 价差为 κ，信用保护买方按照合约规定定期向信用保护

第 2 章 基本概念与理论描述

卖方支付保护费用 κM，若合约规定的信用事件发生，信用保护卖方需向信用保护买方支付赔偿金 $1-R$，R 为违约回收率，τ 为信用事件发生时刻。站在信用保护买方角度，当合约规定的信用事件发生后，我们将信用保护卖方向信用保护买方支付的现金流称作"浮动端"，将信用保护买方向信用保护卖方支付的现金流称为"固定端。"

若在 CDS 合约期内无合约规定的信用事件发生，则"固定端"的现金流如图 2-2 所示。

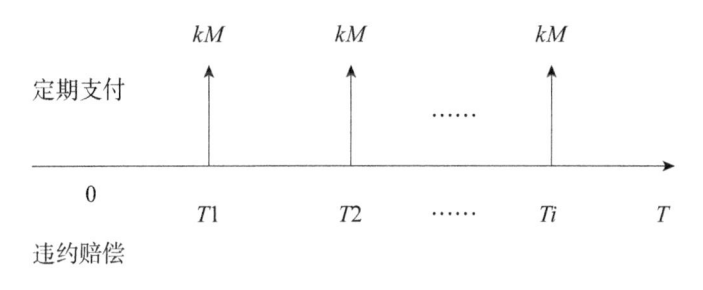

图 2-2 "固定端"现金流图

若 CDS 合约期内有合约规定的信用事件发生，则"浮动端"的现金流如图 2-3 所示。

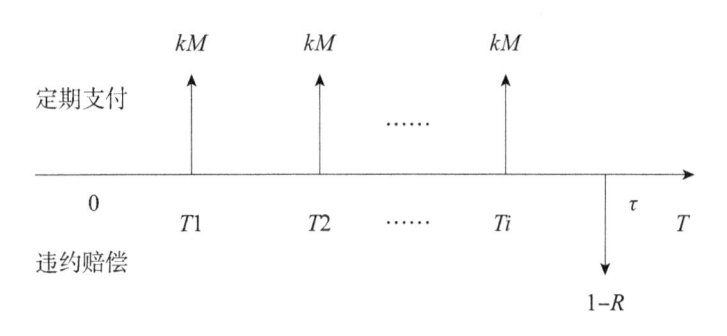

图 2-3 "浮动端"现金流图

若违约事件发生，信用保护买方停止支付"固定端"现金流，同时信用保护卖方触发"浮动端"现金流，CDS 的"浮动端"和"固定端"现金流的支付取决于违约事件发生的时间和违约概率，由于信用事件发生时间以及违约概率的不确定，浮动端的支付存在较大不确定性。

2.2 金融风险管理理论

金融体系有两大主要功能：提供有流动性和风险转移功能的金融资产，以及创造一种风险转移机制，即核心功能为通过组合或创新金融产品，配置、分散和转移风险。金融体系的主要功能是金融风险管理。

金融机构一旦发生经营活动，就会产生金融风险。在对金融风险进行管理时，按照设定目标风险水平、识别风险的类别、量化风险值和控制风险这四个步骤依次进行。其中，步骤四——控制风险即为金融风险管理的最终目标。对于不同类别和不同程度的金融风险，投资者会采取不同的风险控制策略，如规避、分散、转移和接受等。

2.2.1 设定目标风险水平

设定金融机构能够承受的风险水平是进行金融风险管理的开端，目标风险水平一般用金融机构对风险的偏好和容忍度来描述。风险偏好表明了金融机构对于风险和收益之间进行权衡进而得到最后的平衡目标，并在此目标之下开展经营活动。风险容忍度是指在实现经营活动目标的过程中，对于出现的差异的可接受范围。金融机构的风险偏好和容忍度值越大，说明越有意去承担相对较大的风险。

2.2.2 识别风险的类别

识别风险的类别即判别在金融机构经营过程中可能存在的风险类型。根据金融机构经营活动的性质，分析可能发生的事件及其可能直接导致的后果和间接导致的后果，进一步探究其发生的源头，进而识别风险的类别。

风险是始终伴随金融机构经营活动的，故需要对其进行动态监测和判断。比较常见的金融风险类别有市场风险、操作风险及信用风险等。

2.2.3 量化风险值

完成识别风险类别之后，要对其进行量化估计进而得到一个相对稳定的风险水平。此风险水平为金融机构提供了一个参考标准，通过此标准可判断是否需要对风险进行控制。

2.2.4 控制风险

在识别到风险并完成对其量化之后，金融机构可通过权衡，分析制定控制风险的策略。通常而言，风险的控制策略主要有金融风险预防策略、金融风险规避策略、金融风险分散策略、金融风险转移策略和金融风险接受策略。

金融风险预防策略是一种事前策略，是根据金融风险管理规则对所有的金融活动参与者进行一定的约束，要求金融活动的参与者必须遵守相应的制度和规则，从而降低风险的活跃程度，减少信用事件发生的概率，保证经营活动在预期的可控范围之内进行，便于进行风险管理。

金融风险规避策略的特点是能够从根本上消除风险，即不参与或放弃会产生风险的经营活动。例如抛售风险资产，放弃投资某个产品等。

金融风险分散策略借鉴投资组合理论进行实施，一般利用投资组合相关模型进行分析，通过期望收益与风险之间的权衡得到最优的投资组合。

金融风险转移策略将风险看作标的物，将风险通过合法的交易方式或业务手段部分或全部转移给他人。具体的金融风险转移策略有以下几点。

（1）风险资产出售，是指金融机构出售其不再愿意为之承担风险的资产给他人。收购此风险资产的机构往往对处理或经营该资产有一定的能力与经验，故可以承担相应的风险。

（2）担保，是指将本应由自己承担的风险转嫁给对方的担保人。例如银行要求在借款人在有担保的条件下才会放款，在此策略中，银行便将自己所承担的借款人的违约风险转移给了担保人。

（3）保险，即银行对抵押品和债权进行投保，或者债务人对其在银行的抵押品进行投保，该保险的收益人为银行。银行通过以上两种方式将风险转移给了保险公司。比较特别的是，利用CDS进行风险转移也相当于给信用保护买方的债权购买了一份"保险"。

（4）对冲，是指运用期货、远期、期权和其他金融衍生产品对风险进行套期保值。

金融风险接受策略是指金融机构在衡量自己的风险管理能力之后，认为当前所面临的风险未超出其风险容忍度和风险偏好范围，故将此风险保留，并且不采取任何措施改变风险的概率和影响。这一策略的使用一般应配合一定的风险补偿手段：提取准备金和保留充足资本金以补偿预期到的和未预期到的风险损失。

上述风险控制策略中，能够完全消除风险的策略为金融风险规避策略。由于该策略要求放弃或不进行可能带来损失的活动，但有些经营活动是必须要参与的，所以这类活动所产生的风险是无法进行规避的，且这类风险数量众多，故金融风险规避策略具有一定的局限性。金融风险预防策略是一种事前策略，采取预防策略在一定程度上可以减少风险，且事前使用金融风险预防策略能使金融活动的参与者按照规则进行交易，有利于进行风险管理。然而风险的一大特点便是不确定性，该策略灵活性不强，故一旦发生突发事件，就需要及时改变策略。对于无法进行规避的大部分突发风险，金融风险分散策略和金融风险转移策略能够更好地发挥其控制风险的作用，而金融风险接受策略往往是最末位的选择。

2.3 CDS 交易对手风险

CDS 可将信用保护买方面临的信用风险转移给交易对手方，以达到转移或者消灭风险的目的，但 CDS 产品本身也具有信用风险：即当违约事件发生后，信用保护卖方或不能按照合约规定支付赔偿，即交易对手风险。CDS 是典型的场外交易衍生品，没有交易所或者其他机构提供交易平台，交易双方会完全暴露在交易对手的违约风险中，交易对手违约风险也是引发 2008 年次贷危机的主要原因。

交易对手风险产生的原因主要有以下几点。

第一，合约的标的资产发生违约，交易对手方陷入财务困境。投资者购买 CDS 对标的资产进行保护后，一旦合约规定的违约事件发生且信用保护卖方始料未及，此时信用保护卖方将面临巨额赔付，可能导致信用保护卖方陷入财务困境，无法按照合约规定向信用保护买方支付赔偿。

第二，合约的标的资产未发生违约，交易对手陷入财务困境。CDS 合约最初签订时价值为零，随着信贷息差的不断变化，CDS 价值将随时间的推移而显著偏离零值。假设信用保护卖方对信用保护买方负有按市值 X 的无担保负债，一旦信用保护卖方申请破产，CDS 合约立即停止，信用保护卖方应立即支付到期应付 X，而信用保护买方的唯一追索权是从破产资产中收回应收值 X。此时，信用保护买方成为信用保护卖方的一般无担保债权人，这可能会导致信用保护买方因信用保护卖方的违约而遭受重大损失。

第三，信用违约互换的担保品机制可能导致信用保护买方遭受损失。具体来说：信用保护买方是信用保护卖方的主要经纪人，当信用保护卖方向信用保护买方提供担保品时,假设该担保品要么不与信用保护买方的一般资产分离,要么信用保护买方重新抵押该担保品,此时会出现信用保护买方将担保品再抵押给第三方,以此从第三方获得贷款(但不转让担保品的所有权)的情况。Buhlman 和 Lane(2009)认为,在特定情况下,再抵押证券成为破产公司财产的一部分,如果将信用保护卖方的担保品再抵押后,信用保护买方申请破产,而信用保护卖方的担保品并未依法分离,此时信用保护买方将成为信用保护卖方的无担保债权人,造成信用保护卖方巨大的潜在损失。更危险是,再抵押的担保品会被第三方扣押和出售,以弥补信用保护买方通过再抵押担保品而获得的贷款。

在 2018 年金融危机发生后,市场参与者增加了对交易对手风险的关注,并采取许多方法加强对交易对手风险的管理。中央对手方集中清算机制在管理交易对手风险方面有着不可替代的作用,本质上是介于信用保护买卖双方之间的交易中介,但与一般交易中介有明显的差别。在中央清算机制下,信用保护买卖双方之间不直接签订买卖合约,而是中央对手方分别与信用保护买卖双方签订合约,并将风险标准化,不论未来任何一方发生违约,中央对手将首先承担偿付责任。

2.4 信用衍生品定价理论

现代金融学框架中,金融衍生品合约的定价理论基本分析范式是由 Miller 和 Modigliani(1958)所开创的无套利分析研究范式衍生而来,即完全市场条件下不存在无风险套利机会,因为一旦出现套利机会,市场机制会迅速发挥作用来消除套利条件。本章的信用违约互换定价理论分析框架亦采用无套利分析范式。

根据企业违约的不同假设，金融市场上有两种比较主流的信用违约互换定价模型，分别是：(1) 结构模型 (Structural Credit Models)。该模型从公司内部的资本结构出发，对公司价值的变化建模并对公司财务状况进行分析，以此研究公司的违约行为。(2) 简约化模型 (Reduced Form Credit Models)。该模型避开了公司复杂的内部资本结构，简化理论的基本假设，直接假设公司违约服从一个随机过程，并通过市场数据估计和修正模型。

简约化模型的基本建模思路是：首先，假设公司的违约过程服从一个已知的随机过程，本文假设其服从泊松分布，泊松分布的强度函数就是违约强度函数。其次，根据违约强度的估计原理得出违约概率。最后，利用市场完全的无套利定价方法得出 CDS 的定价模型。

传统的 CDS 定价模型中假定交易对手信用完美，认为标的资产的违约风险是影响 CDS 价格的主要因素，并未考虑交易对手风险（在信用事件中，CDS 卖方违约并无法支付担保违约溢价的可能性）对 CDS 价格的影响。金融危机爆发后，雷曼兄弟、AIG 等信用级别较高的金融机构出现破产或濒临破产，研究者意识到交易对手风险的重要性并将交易对手风险纳入 CDS 定价研究中。由于 CDS 能够转移标的资产的信用风险但不能够消除交易对手风险，因此交易对手风险也是影响 CDS 价差的主要因素之一。CDS 合约类似于一种保险合约，其价值也取决于信用保护卖方（投资机构）的信誉。因此，交易对手风险也应包括在 CDS 价差的计算中。

2.5 投资组合理论

在经济学理论中，理性人在进行投资时往往追求的是自身效用最大化。对于投资者而言则追求的是合理的风险水平下，自身收益的最大化。投资者追求自身收益最大化的过程本质上是投资者在投资风险和投资收益不确定情况下进行的权衡。通过构建合理的投资组合,投资者可以实现资产多元化管理以及投资风险的合理分散,提高自身投资效率及收益水平。现代投资组合理论以1952年马科维茨提出的均值方差理论为出发点,后期陆续为众多学者不断发展扩充。我们认为当前的现代投资组合理论主要包含现代投资组合理论、资本资产定价模型、有效市场理论,等等。其中马科维茨提出的投资组合理论为现代投资组合理论的构建提供了重要理论支撑。自马科维茨之后,众多学者及从业人员开始依靠风险—收益框架为自身的理论研究与实际投资提供指导,其理论对现代投资管理理论与实践的发展有重要的推动作用。

目前,现代投资组合理论中对于风险的衡量除了包含最基本的方差以外,还包含VaR、CVaR、半偏差、最大回撤等方法,其中使用方差进行风险度量时会同时将正的收益计入风险的度量中,均值方差框架下参数又具敏感性,大量学者在实践中经常将VaR和CVaR作为度量风险的主要手段,其中VaR风险度量不是一致性的风险度量,以及资产收益率天然存在的尖峰厚尾性质,在厚尾情况下,VaR不能合理度量资产尾部风险,因此具有一致性风险度量的CVaR为众多投资者所偏爱。接下来我们对现代投资组合框架中常见的理论进行简要介绍。

2.6　VaR 理论

VaR(Value-at-risk)指的是"处在风险中的价值"。通俗地讲VaR是指在一定时间范围内,某特定资产或者资产组合在特定置信度 β 下可能面临的最大损失。用公式可以表示为:

$$\text{prob}(\Delta V > \text{VaR}) = 1 - \beta$$

其中，β 表示投资者所能容忍的置信度，ΔV 表示投资者在所考察的风险资产持有期内可能遭受的最大损失。因此，VaR 相当于在特定置信度 β 下，投资者在特定时间内所可能遭受的最大损失。

常见的 VaR 度量主要有基于历史数据样本的 VaR、基于蒙特卡洛模拟的 VaR、基于 AR-EGARCH 模拟的 VaR 等。VaR 的主要特点在于其意义直观，计算简便，尤其是在正态分布假设下，VaR 计算非常简便，但是由于其自身不能准确有效地刻画风险资产尖峰厚尾的性质，在日常风险度量中常常可能由于对风险估计不准确而导致投资者遭受损失。

2.7 CVaR 理论

由于 VaR 对于风险资产的尾部风险不能进行准确度量，因此学者们提出了 VaR 的改进理论对风险资产的尾部风险进行度量，即 CVaR（Conditional Value at risk）理论，也称为条件风险价值。相对于 VaR 确定的资产收益率分布下特定置信度的分位数，CVaR 则以资产收益率分布为前提，对特定置信度的尾部风险的期望进行度量，使用尾部可能遭受损失的期望值可以很好地对资产收益的尾部风险进行度量。换句话说，CVaR（Conditional Value at risk）指在特定的置信水平 β 下，损失超过 VaR 的期望值。公式表示为：

$$\mathrm{CVaR}_\beta = E\left[\Delta V \mid \Delta V \leqslant \mathrm{VaR}_\beta\right]$$

相较于 VaR 方法，CVaR 能够很好地刻画资产组合的潜在风险、具有次可加性、对尾部风险控制效果好等优点。

2.8 Markowitz 的均值方差模型

在 Markowitz 提出的均值 - 方差模型中,投资者通过不断优化资产分配来达到最大化投资组合的期望收益率,或最小化方差的目的。该理论认为,对于任何给定的预期收益水平,理性的投资者会在可以实现该预期收益水平的情况下,在所有可能的资产组合分配中寻求可以使其所面临的投资风险最小的资产配比,以实现特定收益约束下最小化投资组合风险的目的;与此对应,投资者也可能在选择自己所能忍受的特定风险水平的情况下,寻求可以给自己带来最大收益的资产配比组合,已实现在特定风险约束下最大化自身收益的目的。这种思想体现了投资者的投资组合在风险与收益之间的权衡。

2.9 鲁棒优化原理

在对均值方差模型实际研究中,我们很难事先确定优化模型中哪些参数值,但是参数的准确性又是影响模型在实际应用中表现的重要因素。由于均值方差模型对于参数的极端敏感性,微小的参数估计误差都会对投资组合的优化结果产生重大的影响,进而影响到投资者的实际收益水平,甚至增加面临损失的可能性。鲁棒性作为一种解决参数极端敏感性问题的重要工具,在充分考虑参数估计误差的基础上,运用参数不确定集,先通过在不确定集中寻求最坏情况的资产组合配比,然后在此基础上寻求最优的配比结果,以提升投资组合的稳健性。该优化方法面临"最坏情况"时代表一种保守观点,当参数在给定的不确定集中变化时,能够始终保持该优化方法的可行性,将参数不确定性带来的影响最小化。

鲁棒优化方法可以求得这样一个解：在优化问题中遇到参数不确定或者不确定参数的概率分布不可知时，求出模型最优解。鲁棒优化模型的约束条件能够满足投资组合可能面对的所有情况，并且可得出最坏情况下目标函数的最优值。该方法的核心思想是将原始问题转化为一个具有多项式的凸优化问题。

通过构建不确定集，可以对参数不确定性进行一个相对定量的描述，更有利于计算和解决实际问题。进一步地，在参数不确定性的基础上，利用鲁棒优化方法构建不确定性最小化收益最大化的投资组合，可得到相对稳健的投资组合配比。

2.10 CVaR鲁棒均值方差优化理论

由于在计算最优投资组合过程中无法观测到市场的所有样本，投资组合优化模型中所用的均值常常是基于所选择的数据样本，所以不同数据样本段取值将导致参数估计值不同，这就意味着，所得到的收益均值本身就是一个随机变量。风险和收益是投资组合优化模型中的不确定参数，马科维茨模型中对期望收益率和风险的测度方法较为主观，而min-max鲁棒优化理论计算结果过于保守，计算所得的风险和收益可能会导致投资组合决策出现较大误差，这些误差对最优投资组合策略的稳定性产生重要影响。然而，众所周知，准确估计这些不确定参数存在一定的困难，而对于风险的协方差矩阵的估计相对容易。因此，若只关注平均收益率的估计误差，则可利用CVaR鲁棒方法对风险进行估计。

利用CVaR方法来度量投资组合的风险，可以通过逐步纳入更好的情形来调整投资组合的保守性水平，置信水平在此可解释为一个估计风险规避参数。通过将投资分散到多种资产类别，增加投资组合的多样性从而降低风险。

　　CVaR 鲁棒均值方差模型意味着与其关注投资组合不确定性集的最坏情况，不如根据由置信度指定的最大平均损失情况的尾部选择最优投资组合，通过调节置信水平来控制投资组合的稳健性水平。由于对资产收益的估计存在误差，该模型将投资组合收益的不确定性视为估计风险，利用 CVaR 来度量期望收益的估计风险，得到的稳健组合具有更大的分散性，使投资组合的 CVaR 最大化。

第 3 章 简约模型下违约概率的测算及衍生品定价

本章利用双因子 CIR 模型刻画信用债违约强度的动态变化过程，并基于空间状态模型及卡尔曼滤波技术进行参数估计，据此测算信用债违约概率。通过分析以信用债为参考资产的 CDS 买卖双方现金流，在约化方法框架下，依据市场不存在套利行为的假定，给出 CDS 价差表达式。

3.1 基于双因子 CIR 违约强度过程的违约概率测算

记第 j 只信用债首次违约发生在 $[t, t+\mathrm{d}t]$ 内的概率为：

$$P[\tau < t + \mathrm{d}t \mid \tau > t] = \lambda_{t,j}\mathrm{d}t \quad (3-1)$$

其中，$\lambda_{t,j}$ 为第 j 只信用债在 t 时刻发生违约的概率密度，即违约强度。

在约化方法框架下，信用债违约的发生服从 Possion 分布，其自初始时刻 t_0 到时刻 t 的存活概率（即首次违约发生在 t 之后的概率）表示为：

$$P(\tau > t) = \mathrm{e}^{-\int_{t_0}^{t} \lambda_{s,j}\mathrm{d}s} = \mathrm{e}^{-\lambda_{t,j}t} \quad (3-2)$$

则第 j 只信用债在时刻 t 到时刻 $t+\Delta t$ 期间发生违约的概率为：

$$P(t < \tau \leqslant t + \Delta t) = \mathrm{e}^{-\lambda_{t,j}t} - \mathrm{e}^{-\lambda_{t+\Delta t,j}(t+\Delta t)} \quad (3-3)$$

信用债的违约强度是其违约概率测算的基础，由于信用债违约强度 $\lambda_{t,j}$ 随时间变化，故假设其服从双因子 CIR 模型。双因子 CIR 模型假设违约强度 $\lambda_{t,j}$ 由共性因子 λ_t^C 和特殊因子 $\lambda_{t,j}^I$ 共同决定，且两因子均服从 CIR 模型。共性因子 λ_t^C 表示 n 只信用债违约强度之间共有的因素，特殊因子 $\lambda_{t,j}^I$ 表示第 j 只信用债违约强度无法由共性因子解释的自有部分，各特殊因子及特殊因子与共性因子之间相互独立。具体表示如下：

$$\lambda_{t,j} = \lambda_{t,j}^I + \rho_j \lambda_t^C \qquad (3\text{-}4)$$

$$\mathrm{d}\lambda_t^C = k^C\left(\theta^C - \lambda_t^C\right)\mathrm{d}t + \sigma^C \sqrt{\lambda_t^C}\,\mathrm{d}W_t^C \qquad (3\text{-}5)$$

$$\mathrm{d}\lambda_{t,j}^I = k_j^I\left(\theta_j^I - \lambda_{t,j}^I\right)\mathrm{d}t + \sigma_j^I \sqrt{\lambda_{t,j}^I}\,\mathrm{d}W_{t,j}^I \qquad (3\text{-}6)$$

式（3-4）中 $\rho_j(\rho_j \in [0,1])$ 为第 j 只信用债违约强度的共性因子系数；式（3-5）中 k^C 为违约强度共性因子的均值回复速度，θ^C 为共性因子的长期均值，σ^C 为共性因子波动率，W_t^C 为标准布朗运动，违约强度共性因子长期波动为 $(\sigma^C)^2 \theta^C /(2k^C)$；式（3-6）中 k_j^I 为标的信用债 j 违约强度特殊因子的均值回复速度，θ_j^I 为特殊因子的长期均值，σ_j^I 为特殊因子波动率，$W_{t,j}^I$ 为标准布朗运动，违约强度特殊因子长期波动 $(\sigma_j^I)^2 \theta_j^I /(2k_j^I)$。

3.2 基于卡尔曼滤波的双因子 CIR 模型参数估计

本文采用卡尔曼滤波技术及状态空间模型对双因子 CIR 模型进行参数估计，其优势主要有两点：第一，状态空间模型能将不可观测的变量并入可观测模型并与其一起得到估计结果；第二，状态空间模型是利用强有力的迭代算法卡尔曼滤波来估计的。

3.2.1 状态空间模型构建

将债券存续时间区间 $[0,T]$ 划分为 N 个子区间，记初始时刻 $t_0 = 0$，并令 $t_i = i\dfrac{T}{N}$，$i = 1,\dots,N$，且 $\Delta t = t_i - t_{i-1}$。记 r_{t_i} 为债券收益率时间序列，对应债券的到期期限为 T_1, T_2, ..., T_n（例如 3 月、6 月、1 年期债券）。则状态

空间模型所建立的量测方程为

$$r_{t_i} = A + H y_{t_i} + v_{t_i} \tag{3-7}$$

或

$$\begin{bmatrix} r(t_i, T_1) \\ r(t_i, T_2) \\ \vdots \\ r(t_i, T_n) \end{bmatrix} = \begin{bmatrix} -\dfrac{A_i(t_i, T_1)}{T_1 - t_i} - \dfrac{A_c(t_i, T_1)}{T_1 - t_i} \\ -\dfrac{A_i(t_i, T_2)}{T_2 - t_i} - \dfrac{A_c(t_i, T_2)}{T_2 - t_i} \\ \vdots \\ -\dfrac{A_i(t_i, T_n)}{T_n - t_i} - \dfrac{A_c(t_i, T_n)}{T_n - t_i} \end{bmatrix} + \begin{bmatrix} \dfrac{B_i(t_i, T_1)}{T_1 - t_i} & \dfrac{B_c(t_i, T_1)}{T_1 - t_i} \\ \dfrac{B_i(t_i, T_2)}{T_2 - t_i} & \dfrac{B_c(t_i, T_2)}{T_2 - t_i} \\ \vdots & \vdots \\ \dfrac{B_i(t_i, T_n)}{T_n - t_i} & \dfrac{B_c(t_i, T_n)}{T_n - t_i} \end{bmatrix} \begin{bmatrix} y^I(t_i) \\ y_i^C(t_i) \end{bmatrix} + \begin{bmatrix} v_1(t_i) \\ v_2(t_i) \\ \vdots \\ v_n(t_i) \end{bmatrix}$$

$$(3-8)$$

其中，$v_i(t_i) N(0, U)$，

$$U = \begin{bmatrix} \alpha_1^2 & 0 & \cdots & 0 \\ 0 & \alpha_2^2 & \cdots & 0 \\ \vdots & \vdots & \ddots & ? \\ 0 & 0 & \cdots & \alpha_n^2 \end{bmatrix} \tag{3-9}$$

状态方程为

$$y_{t_i} = C + F y_{t_{i-1}} + \varepsilon_{t_i} \tag{3-10}$$

或

$$\begin{bmatrix} y^I(t_i) \\ y_i^C(t_i) \end{bmatrix} = \begin{bmatrix} \theta_1 (1 - e^{-k_1 \Delta t}) \\ \theta_c (1 - e^{-k_c \Delta t}) \end{bmatrix} \tag{3-11}$$

其中，状态方程的条件方差 $\varepsilon_{t_i} | F_{t_{i-1}} \sim N(0, Q_{t_i})$

$$Q_{t_i} = \begin{bmatrix} \zeta^I & 0 \\ 0 & \zeta^C \end{bmatrix} \tag{3-12}$$

$$\zeta^I = \frac{\theta\sigma^2}{2k}\left(1-e^{-k\Delta t}\right)^2 + \frac{\sigma^2}{k}\left(e^{-k\Delta t} - e^{-2k\Delta t}\right)y^I(t_{i-1}) \qquad (3-13)$$

$$\zeta^C = \frac{p\theta_c\sigma_c^2}{2k_c}\left(1-e^{-pk_c\Delta t}\right)^2 + \frac{p\sigma_c^2}{k_c}\left(e^{-pk_c\Delta t} - e^{-2pk_c\Delta t}\right)y^C(t_{i-1}) \qquad (3-14)$$

以式（3-7）、（3-10）构建的状态空间模型对双因子 CIR 模型进行参数估计，下面给出参数估计过程中卡尔曼滤波的详细步骤。

3.2.2 卡尔曼滤波递归

本文中运用卡尔曼滤波技术旨在根据债券收益率时间序列数据，不断更正模型对不可观测变量的推断。本质上，卡尔曼滤波是一种递归算法，它起始于对状态变量（违约强度）初值的一个合理推测和描述此推测初值准确性的变量，本文中它们分别为违约强度的无条件均值及方差。然后采用状态变量初值推测量测方程的条件期望和方差，这就是量测系统对于零息债券收益率的预测值。运用此预测值可以进一步调整状态方程中各变量的值，更新后的状态方程被用于预测状态变量（违约强度）下一时点的值。在 $[t_i, t_{i+1}], i=0,1,\ldots,N$ 中依次重复这一过程，直到完成整个数据样本的递归。

在下文中，以 $F_{t_i}, t_i = i\frac{T}{N}, i=1,\ldots,N$ 表示 $[t_{i-1}, t_i]$ 的 σ-域，即 $F_{t_i} = \sigma\{r_0, r_1, \ldots, r_i\}$ 表示 t_i 时刻之前（含 t_i 时刻）的所有信息组成的 σ-域。

第一步：状态变量初值确定

如上文所述，我们采用违约强度的无条件均值和方差作为状态变量的初值，它们分别表示为

$$E[\lambda_0] = E[\lambda_0 | F_0] = [\theta \quad \theta_c]^T \qquad (3-15)$$

$$D[\lambda_0] = D[\lambda_0 | F_0] = \begin{bmatrix} \dfrac{\sigma^2 \theta}{2k} & 0 \\ 0 & \dfrac{\sigma_c^2 \theta_c}{2k_c} \end{bmatrix} \quad (3-16)$$

其中，式（3-15）的上标符号"T"表示矩阵的转置。

第二步：量测方程预测

量测方程的条件预测形式为

$$E[r_{t_i} | F_{t_{i-1}}] = A + HE[\lambda_{t_i} | F_{t_{i-1}}] \quad (3-17)$$

相应的条件方差为

$$D[r_{t_i} | F_{t_{i-1}}] = HD[\lambda_{t_i} | F_{t_{i-1}}]H^T + U \quad (3-18)$$

第三步：状态变量推断更新

由预测零息债券收益率与其真实值 r_{t_i} 可以得到条件预测误差，表示为

$$e_{t_i} = r_{t_i} - E[r_{t_i} | F_{t_{i-1}}] \quad (3-19)$$

此处所得的条件预测误差，将用于调整卡尔曼滤波算法中不可观测的状态方程，具体表现为对违约强度条件期望的更新：

$$E[\lambda_{t_i} | F_{t_i}] = E[r_{t_i} | F_{t_{i-1}}] + K_{t_i} \xi_{t_i} \quad (3-20)$$

其中，

$$K_{t_i} = D[\lambda_{t_i} | F_{t_{i-1}}]H^T D[r_{t_i} | F_{t_{i-1}}]^{-1} \quad (3-21)$$

称为卡尔曼增益矩阵，它决定了更新后状态系统中预测误差的权重。同时，以如下形式更新状态系统的条件方差：

$$D[\lambda_{t_i} | F_{t_i}] = (I - K_{t_i} H) D[\lambda_{t_i} | F_{t_{i-1}}] \quad (3-22)$$

第四步：状态变量预测

根据已更新的状态系统，预测下一时间间隔中状态系统的未知量，条件期望为

$$E\left[\lambda_{t_{i+1}} \mid \mathrm{F}_{t_i}\right] = C + FE\left[\lambda_{t_i} \mid \mathrm{F}_{t_i}\right] \qquad (3-23)$$

条件方差为

$$D\left[\lambda_{t_{i+1}} \mid \mathrm{F}_{t_i}\right] = D\left[\lambda_{t_i} \mid \mathrm{F}_{t_{i-1}}\right] - FD\left[\lambda_{t_i} \mid \mathrm{F}_{t_i}\right] F^T + Q \qquad (3-24)$$

第五步：预测误差函数构建

在 $[t_{i-1}, t_i], i=1,\ldots,N$ 中依次进行以上 4 个步骤，每个时间间隔中会产生一个量测系统误差 e_{t_i}，构建如下最小二乘函数：

$$L = \sum_{i=1}^{N} \mathrm{e}_{t_i}^2 \qquad (3-25)$$

以（3-25）为预测误差函数，使用 Matlab 非线性优化技术对其最小化，获得预测结果最接近实际值的参数集，从而实现对双因子 CIR 模型的参数估计。

3.2.3　违约强度初值估计

运用状态空间模型及卡尔曼滤波技术可以得到各个信用评级的 k_i、θ_i、σ_i 和 p_i，但欲生成指定债券违约强度还需估计债券违约强度初值，违约强度初值的估计采用以下方法。首先构建债券收益率估计误差函数

$$f = \sum_{j=1}^{N} \left(r_j - \hat{r}_j\right)^2 \qquad (3-26)$$

其中 $j=1,2,\ldots,N$，N 表示债券实际收益率时间序列中的样本数，r_j 为债券第 j 个的实际收益率，$\hat{r}_j$ 为采用式（3-26）计算所得债券收益率。然后通过对式（3-26）的最小化，求出使计算所得债券收益率 $\hat{r}_j$ 最接近实际收益率的违约强度初值 $y_i^I(0)$ 及 $y^C(0)$。

3.3 约化方法框架下不考虑交易对手风险的 CDS 价差测算

根据 CDS 交易结构可知其现金流由两部分构成：一部分为投资者定期向第三方机构支付的 CDS 权利金，即 CDS 固定支付端的金额；另一部分为当 CDS 合约期限内发生规定的信用事件时，第三方机构须向投资者支付的赔偿金，即 CDS 或有赔付端的金额。根据第二节假定，CDS 两端现金流的变化都在标的信用债的付息日产生，即若标的信用债首次违约时刻 $\tau \in ()$，投资者在 t_i 时刻向第三方机构支付最后一次 CDS 权利金，第三方机构在 t_{i+1} 时刻向投资者进行赔付。基于以上事实与假定，CDS 价差测算过程如下。

3.3.1 CDS 固定支付端现金流的现值计算

当标的信用债违约发生在 CDS 合约到期之前，CDS 固定支付端现金流的现值为从 CDS 合约创设时刻 t_0 到标的信用债违约发生时刻 τ，投资者向第三方机构所支付 CDS 权利金的期望现值：

$$\text{Fix} = E\left[\sum_{i=1}^{N} s_j \Delta t e^{-r_f t_i} 1_{\{\tau > t_i\}}\right] \quad (3-27)$$

其中，$E[1_{\{\tau > t_i\}}] = P(\tau > t_i)$，则式（3-7）可表示为：

$$\text{Fix} = \sum_{i=1}^{N} s_j \Delta t e^{-r_f t_i} P(\tau > t_i) \quad (3-28)$$

3.3.2 CDS 或有赔付端现金流的现值计算

由于标的信用债在 CDS 合约到期日之前发生违约，第三方机构须向投资者支付赔偿金，即产生或有赔付端的现金流，这部分现金流的现值为投资者购买信用债投入成本损失的期望现值：

$$\text{Float} = E\left[\sum_{i=1}^{N-1}(1-R)\mathrm{e}^{-r_f t_{i+1}}1_{\{t_i<\tau<t_{i+1}\}}\right] \quad (3-29)$$

其中，$E\left(1_{\{t_i<\tau<t_{i+1}\}}\right)=P\left(t_i<\tau<t_{i+1}\right)$，则式（3-9）可表示为：

$$\text{Float} = \sum_{i=1}^{N-1}(1-R)\mathrm{e}^{-r_f t_{i+1}}P\left(t_i<\tau<t_{i+1}\right) \quad (3-30)$$

基于第二章的基本假定，在市场不存在套利行为的前提下，投资者定期支付权利金的期望现值等于第三方机构或有赔偿金额的期望现值，即 CDS 现金流固定支付端的期望现值等于或有赔付端的期望现值。由此得出 CDS 价差测算公式为：

$$s_j = \frac{\sum_{i=1}^{N-1}(1-R)\mathrm{e}^{-r_f t_{i+1}}P\left(t_i<\tau<t_{i+1}\right)}{\sum_{i=1}^{N}\Delta t \mathrm{e}^{-r_f t_i}P\left(\tau>t_i\right)} \quad (3-31)$$

根据式（3-2）、（3-3）可得：

$$P(\tau>t_i) = \mathrm{e}^{-\lambda_{t_i,j}t_i} \quad (3-32)$$

$$P\left(t_i<\tau<t_{i+1}\right) = \mathrm{e}^{-\lambda_{t_i,j}t_i} - \mathrm{e}^{-\lambda_{t_{i+1},j}t_{i+1}} \quad (3-33)$$

将式（3-12）、（3-13）带入式（3-11）得到：

$$s_j = \frac{\sum_{i=1}^{N-1}(1-R)\mathrm{e}^{-r_f t_{i+1}}\left(\mathrm{e}^{-\lambda_{t_i,j}t_i}-\mathrm{e}^{-\lambda_{t_{i+1},j}t_{i+1}}\right)}{\sum_{i=1}^{N}\Delta t \mathrm{e}^{-r_f t_i}\mathrm{e}^{-\lambda_{t_i,j}t_i}} \quad (3-34)$$

由于式（3-14）包含服从双因子 CIR 随机过程的违约强度，故无法直接对 CDS 价差进行测算，根据 Bolder，可将式（3-12）、（3-13）转换为如下形式：

$$P(\tau>t_i) = \mathrm{e}^{A_j^I(t_i)-B_j^I(t_i)\lambda_{t_0,j}^I+A_j^C(t_i)-B_j^C(t_i)\rho_j\lambda_{t_0}^C} \quad (3-35)$$

$$P\left(t_i<\tau<t_{i+1}\right) = \mathrm{e}^{A_j^I(t_i)-B_j^I(t_i)\lambda_{t_0,j}^I+A_j^C(t_i)-B_j^C(t_i)\rho_j\lambda_{t_0}^C} - \mathrm{e}^{A_j^I(t_{i+1})-B_j^I(t_{i+1})\lambda_{t_0,j}^I+A_j^C(t_{i+1})-B_j^C(t_{i+1})\rho_j\lambda_{t_0}^C}$$

$$(3-36)$$

其中，

$$A_j^I(t_i) = \ln\left(\frac{2\gamma_j^I e^{\frac{(\gamma_j^I + k_j^I + \phi_j^I)(t_i - t_0)}{2}}}{(\gamma_j^I + k_j^I + \phi_j^I)(e^{\gamma_j^I(t_i - t_0)} - 1) + 2\gamma_j^I}\right)^{\frac{2k_j^I \theta_j^I}{\sigma_j^{I2}}}$$

$$B_j^I(t_i) = \frac{2(e^{\gamma_j^I(t_i - t_0)} - 1)}{(\gamma_j^I + k_j^I + \phi_j^I)(e^{\gamma_j^I(t_i - t_0)} - 1) + 2\gamma_j^I}$$

$$A_j^C(t_i) = \ln\left(\frac{2\gamma_j^C e^{\frac{(\gamma_j^C + \rho_j k^C + \phi^C)(t_i - t_0)}{2}}}{(\gamma_j^C + \rho_j k^C + \phi^C)(e^{\gamma_j^C(t_i - t_0)} - 1) + 2\gamma_j^C}\right)^{\frac{2\rho_j k^C \theta^C}{(\rho_j \sigma^C)^2}}$$

$$B_j^C(t_i) = \frac{2(e^{\gamma_j^C(t_i - t_0)} - 1)}{(\gamma_j^C + k_j^C + \phi_j^C)(e^{\gamma_j^C(t_i - t_0)} - 1) + 2\gamma_j^C}$$

$$A_j^I(t_{i+1}) = \ln\left(\frac{2\gamma_j^I e^{\frac{(\gamma_j^I + k_j^I + \phi_j^I)(t_{i+1} - t_0)}{2}}}{(\gamma_j^I + k_j^I + \phi_j^I)(e^{\gamma_j^I(t_{i+1} - t_0)} - 1) + 2\gamma_j^I}\right)^{\frac{2k_j^I \theta_j^I}{\sigma_j^{I2}}}$$

$$B_j^I(t_{i+1}) = \frac{2(e^{\gamma_j^I(t_{i+1} - t_0)} - 1)}{(\gamma_j^I + k_j^I + \phi_j^I)(e^{\gamma_j^I(t_{i+1} - t_0)} - 1) + 2\gamma_j^I}$$

$$A_j^C(t_{i+1}) = \ln\left(\frac{2\gamma_j^C e^{\frac{(\gamma_j^C + \rho_j k^C + \phi^C)(t_{i+1} - t_0)}{2}}}{(\gamma_j^C + \rho_j k^C + \phi^C)(e^{\gamma_j^C(t_{i+1} - t_0)} - 1) + 2\gamma_j^C}\right)^{\frac{2\rho_j k^C \theta^C}{(\rho_j \sigma^C)^2}}$$

$$B_j^C(t_{i+1}) = \frac{2(e^{\gamma_j^C(t_{i+1} - t_0)} - 1)}{(\gamma_j^C + \rho_j k^C + \phi^C)(e^{\gamma_j^C(t_{i+1} - t_0)} - 1) + 2\gamma_j^C}$$

且 $\gamma_j^I = \sqrt{(k_j^I+\phi_j^I)^2 + 2\sigma_j^{I2}}$, $\gamma_j^C = \sqrt{(\rho_j k^C+\phi^C)^2 + 2(\rho_j\sigma^C)^2}$, ϕ_j^I 为特殊因子风险市场价格, ϕ^C 为共性因子风险市场价格。

将式（3-15）、（3-16）带入式（3-14），得到 CDS 价差表达式为：

$$s_j = \frac{\sum_{i=1}^{N-1}(1-R)e^{-r_f t_{i+1}}\left(e^{A_j^I(t_i)-B_j^I(t_i)\lambda_{t_0,j}^I + A_j^C(t_i)-B_j^C(t_i)\rho_j\lambda_{t_0}^C} - e^{A_j^I(t_{i+1})-B_j^I(t_{i+1})\lambda_{t_0,j}^I + A_j^C(t_{i+1})-B_j^C(t_{i+1})\rho_j\lambda_{t_0}^C}\right)}{\sum_{i=1}^{N}\Delta t e^{-r_f t_i} e^{A_j^I(t_i)-B_j^I(t_i)\lambda_{t_0,j}^I + A_j^C(t_i)-B_j^C(t_i)\rho_j\lambda_{t_0}^C}}$$

(3-37)

3.4 约化方法框架下考虑交易对手风险的 CDS 价差测算

经典的资产定价理论认为，对金融资产定价的研究要将信用风险、市场风险、流动性风险纳入研究范围，金融资产的价格必须是买卖双方都能够接受的价格。在交易对手信用完美假设下，研究 CDS 定价理论上要考虑标的资产的违约风险、信用降级风险以及信用价差风险，但是信用保护卖方并不对信用降级或信用价差造成的损失进行赔付，因此这种情况下主要将标的资产的信用风险纳入 CDS 定价研究中。在考虑交易对手风险存在时，对 CDS 定价的研究还要将信用保护卖方的信用风险纳入研究，此时信用保护卖方与标的资产的违约相关性是研究 CDS 定价的重点。

本节考虑当交易对手风险存在时，标的资产和信用保护卖方的违约是一个服从泊松分布的随机过程，$q_t(\bar{B})$ 是交易对手方（信用保护卖方）在时间 t 的风险中性违约概率，$q_t(\bar{C})$ 是标的债券 j 在时间 t 的风险中性违约概率，假设信用保护卖方的违约强度为 λ_B，标的债券的违约强度为 λ_C，且标的债券和信用保护卖方的违约概率均服从如下分布函数：

$$q_t(\bar{B}) = 1 - e^{-\int_0^t \lambda_B(s)ds} \quad (3\text{-}38)$$

$$q_t(\bar{C}) = 1 - e^{-\int_0^t \lambda_C(s)ds} \quad (3\text{-}39)$$

假定 CDS 合约的三个参与主体中，信用保护买方不发生违约，仅考虑标的债券与交易对手方违约的发生，则当 CDS 合约达成后，标的资产与 CDS 卖方的违约情况由以下四种情况构成一个完备事件组。

（1）在 CDS 的整个存续期内，标的债券 C 不违约，且信用保护卖方 B 不违约：此时，由于标的债券没有发生违约事件，信用保护买方 A 应按照合约规定向信用保护卖方 B 支付 CDS 价差，而信用保护卖方对信用保护买方的赔偿支付为 0。此时，CDS 合约到期停止，这种情况发生的概率为：

$$q_t(B \cap C) = 1 - \left[q_t(\bar{B}) + q_t(\bar{C}) - q_t(\bar{B} \cap \bar{C}) \right] \quad (3\text{-}40)$$

（2）在 CDS 合约期内，标的债券 C 不违约，信用保护卖方 B 违约：假设信用保护卖方违约发生在 τ_B 时刻。此时，CDS 合约在 τ_B 时刻停止，由于标的债券 C 未发生违约。因此，信用保护买方 A 停止向信用保护卖方 B 支付 CDS 票息，这种情况发生的概率为：

$$q_t(\bar{B} \cap C) = q_t(\bar{B}) - q_t(\bar{B} \cap \bar{C}) \quad (3\text{-}41)$$

（3）在 CDS 合约期内，标的债券 C 发生违约，信用保护卖方 B 不违约：假设标的债券违约发生在 τ_C 时刻，此时 CDS 合约在 τ_C 时刻停止且信用保护卖方 B 根据合约对信用保护买方 A 进行赔付，赔付额度为（1–R）。此时，该过程等同于在交易对手信用完美假设情况下，CDS 卖方 B 对 CDS 买方 A 的赔付过程，这种情况发生的概率为：

$$q_t(B \cap \bar{C}) = q_t(\bar{C}) - q_t(\bar{B} \cap \bar{C}) \quad (3\text{-}42)$$

（4）在 CDS 合约期内，标的债券 C 违约，信用保护卖方 B 违约：假定标的债券 C 违约触发了信用保护卖方 B 的违约，则合约在 $\min(\tau_B, \tau_C)$ 时刻停止。此时，信用保护买方 A 支付给信用保护卖方 B 的 CDS 票息为零，且信用保护卖方 B 给信用保护买方 A 的赔付也为零，这种情况发生的概率为：

$$q_t(\bar{B} \cap \bar{C}) = q_t(\bar{B})q_t(\bar{C}) + \rho_t(\bar{B}, \bar{C})\sqrt{\left[q_t(\bar{B}) - q_t(\bar{B})^2\right]\left[q_t(\bar{C}) - q_t(\bar{C})^2\right]}$$

(3-43)

根据 CDS 交易机制可知，一份 CDS 合约中存在两部分现金流：一部分为信用保护买方支出的现金流，这是信用保护买方定期向信用保护卖方支付的 CDS 权利金，我们称之为固定端现金流；另一部分为信用保护卖方支付的现金流，即当合约规定的信用事件触发后，信用保护卖方向信用保护买方支付的赔偿金，我们称之为浮动端现金流。根据无套利定价原理，信用保护买方 A 支付的"固定端"现金流应等于信用保护卖方支付的"浮动端"现金流。

① CDS 浮动端现金流的现值 E_B 计算

结合上文所述的四种违约情况，根据 Hamp(2007)，在 CDS 合约开始时刻，考虑以下三种不同情况：

● 信用保护卖方 B 在 i 时刻违约，无论标的债券是否违约，CDS 合约立即终止且该期浮动端支付为零；

● 信用保护卖方 B 不发生违约，标的债券在 i 时刻违约，信用保护卖方向信用保护买方支付 $(1-R)$；

● 信用保护卖方 B 和标的债券 C 都不发生违约，直到 CDS 合约到期停止。

相应地，计算 CDS 卖方 B 的支付现值即赔付端现金流的现值为：

$$E_B = \sum_{i=1}^{N-1}(1-R)\mathrm{e}^{-r_f t_{i+1}} q_i\left(B \cap \bar{C}\right) \prod_{k=0}^{i-1} qk(B \cap C) \qquad (3\text{-}44)$$

② CDS 固定支付端现金流的现值计算

与 CDS 浮动端现金流现值计算的三种情况类似，计算 CDS 固定支付端现金流有以下三种情况。

● 信用保护卖方 B 在 i 时刻违约，无论标的债券是否违约，CDS 合约终止且浮动端放弃支付保费；

● 信用保护卖方 B 在整个合约期内不发生违约，标的债券在 i 时刻违约，信用保护卖方支付 $(1-R)$；

● 信用保护卖方 B 和标的债券 C 在整个合约期内生存，信用保护买方 A 按照 CDS 合约定期支付保费直到合约到期停止。

因此，CDS 买方 A 的支付现值即固定端支付现金流的现值为：

$$E_A = \bar{S}_j \sum_{i=1}^{N-1} \left\{ \left[q_i(B \cap C) + q_i\left(B \cap \bar{C}\right) \right] \prod_{k=0}^{i-1} qk(B \cap C) \mathrm{e}^{-r_f t_i} \Delta t \right\} \quad (3\text{-}45)$$

在风险中性条件下，根据无套利定价原理，固定端现金流与浮动端现金流应相等，则考虑交易对手风险存在下 CDS 的价差 $\bar{S}_j$ 为：

$$\bar{S}_j = \frac{\sum_{i=1}^{N-1}(1-R)\mathrm{e}^{-r_f t_{i+1}} q_i\left(B \cap \bar{C}\right) \prod_{k=0}^{i-1} qk(B \cap C)}{\sum_{i=1}^{N} \left\{ \left[q_i(B \cap C) + q_i\left(B \cap \bar{C}\right) \right] \mathrm{e}^{-r_f t_i} \Delta t \prod_{k=0}^{i-1} qk(B \cap C) \right\}} \qquad (3\text{-}46)$$

标的债券和信用保护卖方在时间 i 的联合违约概率为 $q_i\left(\bar{B} \cap \bar{C}\right)$，根据 Hull 和 White (2001) 的计算，相关系数 $\rho_i\left(\bar{B}, \bar{C}\right)$ 为：

$$\rho_i\left(\bar{B}, \bar{C}\right) = \frac{q_i\left(\bar{B} \cap \bar{C}\right) - q_i\left(\bar{B}\right) q_i\left(\bar{C}\right)}{\sqrt{\left[q_i\left(\bar{B}\right) - q_i\left(\bar{B}\right)^2 \right]\left[q_i\left(\bar{C}\right) - q_i\left(\bar{C}\right)^2 \right]}} \qquad (3\text{-}47)$$

第4章 CRMW风险缓释效用目标跟踪的债券投资组合优化策略研究

4.1　CRMW 风险缓释能力度量结构创建

4.1.1　债券风险加权收益率测算

随着刚性兑付的打破及债券市场违约潮的到来，债券的违约概率会随着发行主体的运行及市场状况的变化发生较大波动，仅靠债券的票面收益率已经难以衡量债券的优劣。因此本文将债券存续期内的实际违约概率引入债券收益率的计算中，以便更有效地、更贴近实际地分析债券的违约风险。

假定债券的违约服从泊松过程，则债券在时间 [t, T] 的生存概率为

$$P_S(t,T) = e^{-\int_t^T \lambda_s ds} \tag{4-1}$$

债券在时间 [t, T] 的违约概率为

$$P_D(t,T) = 1 - P_S(t,T) \tag{4-2}$$

综合考虑债券违约与不违约两种情形，定义债券的风险加权收益率 r_{Risk} 如下：

$$r_{\text{Risk}} = r_{\text{Bond}} P_S(t,T) + (R-1) P_D(t,T) \tag{4-3}$$

其中，r_{Bond} 表示债券的票面利率，R 表示债券违约时的回收率，回收率等于偿付的本息额与违约的本息额的比值。

假定债券的违约概率波动存在 S 种情景（即 S 种可能出现的情形），根据此 S 种违约概率情景得到债券违约概率分布，进一步据此概率分布及式（4-3）可得到债券风险加权收益率的概率分布。

4.1.2 "债券 + CRMW" 风险加权收益率测算

目前，我国已发行 CRMW 的标的债券绝大多数为一般短期融资券（期限在 1 年以内）和超短期融资债券（期限在 270 天以内），只有个别标的债券为一般中期票据。与此对应，CRMW 标的债券的付息方式绝大多数为一次还本付息，CRMW 的付费方式也基本为前端一次性付费。

由于现实中 CRMW 卖方（如发行 CRMW 的银行）违约可能极小，故本文假定 CRMW 卖方违约可忽略不计，即 CRMW 卖方无违约可能。投资者在购买债券并为其搭配相应 CRMW 后将不存在债券违约风险，必将获得债券票面收益，此时，$P_S(0,T)=1, P_D(t,T)=0$。因此，"债券 +CRMW" 风险加权收益率 r_{B+C} 为

$$r_{B+C} = (r_{\text{Bond}} - r_{\text{CRMW}})*1+0 = r_{\text{Bond}} - r_{\text{CRMW}} \quad (4-4)$$

其中，r_{CRMW} 表示标的债券 CRMW 前端一次收取的费用。

本质上，r_{B+C} 是债券搭配相应 CRMW 后，"债券 + CRMW" 组合所能得到的收益率，在 CRMW 卖方违约可忽略的假定下，r_{B+C} 将是"债券 + CRMW"投资者所必然会得到的收益率。

4.1.3 基于 β 分位点的 CRMW 风险缓释效用构建

根据上节中得出的债券风险加权收益率概率分布，结合"债券 + CRMW"风险加权收益率进行 CRMW 风险缓释效用评估，构建 CRMW 风险缓释效用。

在正式给出风险缓释效用函数前，首先定义 CRMW 的缓释风险（Mitigation Risk—MR）如下：

$$MR = r_{B+C} - r_{\text{Risk}} \quad (4-5)$$

即缓释风险 MR 为"债券 + CRMW"风险加权收益率与相应债券风险加权收益率的差值。由债券风险加权收益率概率分布，进一步可以得到 CRMW 的缓释风险概率分布。

事实上，债券违约概率的加大会降低债券的风险加权收益率（定义见式（4-3）），CRMW 的引进可以缓释债券的违约风险，并将投资收益锁定在 r_{B+C}，即 $r_{Bond} - r_{CRMW}$。缓释风险 MR 是投资者购买 CRMW 和未购买 CRMW 时风险加权收益率的差值，它度量了 CRMW 缓释风险的能力。

为构建 CRMW 风险缓释效用，假定 CRMW 的缓释风险概率分布如图 4-1 所示。

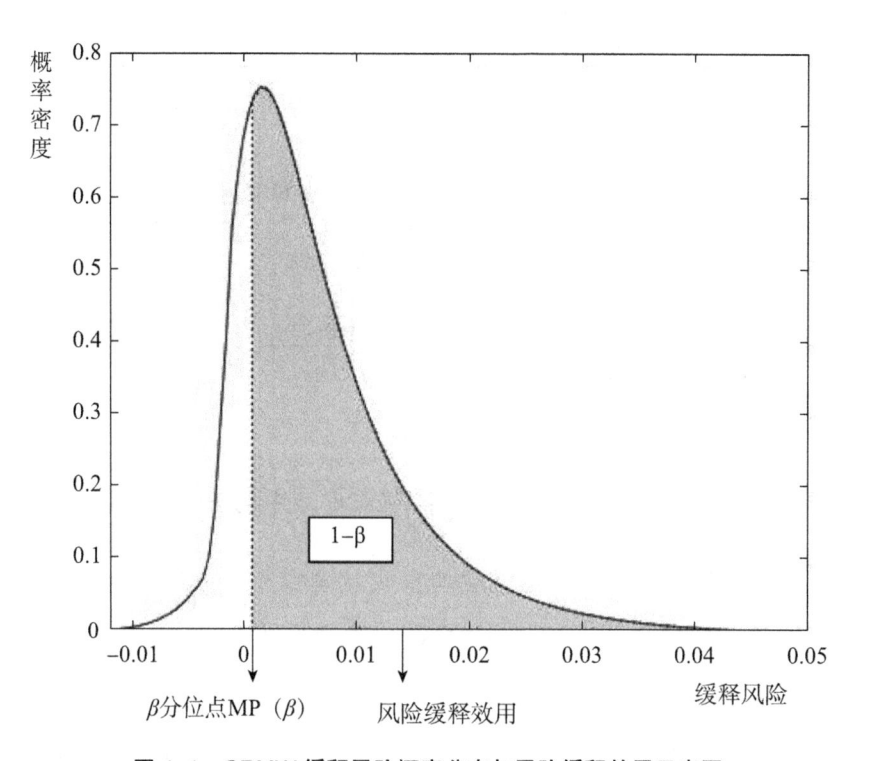

图 4-1　CRMW 缓释风险概率分布与风险缓释效用示意图

图 4-1 中 β 分位点表示缓释风险概率分布的 β 下分位数，记为 $MR(\beta)$，

图中阴影部分为缓释风险概率分布中超过 β 分位点的部分。

进一步，将 β 分位点下的风险缓释效用，记为 $\text{DRMU}_{1-\beta}$（Default Risk Mitigation Utility），定义为缓释风险概率分布中超过 β 分位点的缓释风险的期望值，其度量结构具体如下：

$$\text{DRMU}_{1-\beta} = \frac{1}{1-\beta}\int_{MR>MR(\beta)} MR * p(MR)\text{d}MR \qquad (4\text{-}6)$$

其中，$p(MR)$ 表示 CRMW 缓释风险的概率密度。

该风险缓释效用的定义借鉴了 CVaR 思想，表示 $1-\beta$ 概率下 CRMW 所能达到缓释风险的期望值，即以 $1-\beta$ 的把握 CRMW 可以缓释风险的平均值，它反映了 CRMW 以 $1-\beta$ 概率缓释风险的平均能力。

根据 Rockafellar 和 Uryasev（2002）关于 CVaR 的近似算法，由式（4-6）定义的风险缓释效用可采用如下近似计算方法：

$$\text{DRMU} = MR(\beta) + \frac{1}{S(1-\beta)}\sum_{k=1}^{S}[MR_k - MR(\beta)]^+ \qquad (4\text{-}7)$$

其中 S 为缓释风险可能出现的情景数（源于债券的违约概率波动存在 S 种情景），MR_k 表示第 k 种情景下的缓释风险，且式中

$$[MR_k - MR(\beta)]^+ = \max\{MR_k - MR(\beta), 0\} \qquad (4\text{-}8)$$

β 分位点下的违约风险缓释效用表示 $1-\beta$ 概率下 CRMW 缓释风险的期望，变动 β 可以观察到 CRMW 在各概率下的平均缓释风险能力。进一步由图 4-1 可以看出，随着 β 的增大，CRMW 的风险缓释效用随之增大，这是因为违约风险缓释效用是缓释风险分布 β 分位点右侧缓释风险的期望值，随着缓释风险分布 β 下分位点右移，分位点右侧的均值也相应增大。

直观来说，CRMW 风险缓释效用表示 $1-\beta$ 概率 CRMW 所能缓释债券违约风险的平均值，这为市场参与者衡量 CRMW 风险缓释能力提供了一种直观可量化的评价标准。更重要的是，它可作为债券投资者利用 CRMW 进行缓释风险的重要指标。

4.2 市场平均风险缓释效用目标跟踪的投资组合优化模型构建

本文所研究的债券均配有 CRMW 用以缓释债券的违约风险，在 CRMW 卖方无违约可能的假定下，对于采用 CRMW 转移风险的债券，标的债券违约造成的损失均可由 CRMW 卖方赔付，因此债券此时处于一种无风险状态。正是这种逻辑使得投资者在有信用缓释工具保障时，倾向于放松购买债券的事前审核和事后监督，并倾向于选择收益率高的债券。然而，通常收益率越高的债券其隐含的信用风险越高，此时，CRMW 卖方可能会面临债券投资者的逆向选择和道德风险。Heyde 和 Neyer（2010）的研究同样表明，购买 CDS 的银行会倾向于选择收益更高，但流动性更低、风险更高的资产。作为中国版 CDS 的 CRMW 也会面临相同的问题，为避免该问题的发生，本文根据 CRMW 买方和卖方利益及市场风险承受能力，为投资组合制定合理、有效的风险缓释效用目标。本章以市场中所有 CRMW 平均风险缓释效用为跟踪目标，构建了基于市场平均风险缓释效用目标跟踪的债券投资组合优化模型（以下简称为模型Ⅰ）。

在正式构建优化模型之前，定义所研究的"债券 + CRMW"投资组合中 CRMW 对投资组合中债券的违约风险缓释效用 $DRMU_{Por}$（Default Risk Mitigation Utility of Portfolio）为：

$$DRMU_{Por} = \omega^T * DRMU \qquad (4-9)$$

其中，$\omega^T = \{\omega_1, \omega_2, \ldots, \omega_n\}$ 表示投资组合中各"债券 + CRMW"权重组成的行向量，$\mathrm{DRMU} = \{\mathrm{DRMU}_1, \mathrm{DRMU}_2, \ldots, \mathrm{DRMU}_n\}^T$ 表示 n 只"债券 + CRMW"中 CRMW 风险缓释效用组成的列向量。

为避免投资者过度偏向于高风险债券，将市场中所有 CRMW 的平均风险缓释效用（记为 $\mathrm{DRMU}_{\mathrm{Mean}}$）作为跟踪目标，使优化后投资组合 $\mathrm{DRMU}_{\mathrm{Por}}$ 趋近于 $\mathrm{DRMU}_{\mathrm{Mean}}$。假设市场中共有 N 只 CRMW，则 $\mathrm{DRMU}_{\mathrm{Mean}}$ 定义如下：

$$\mathrm{DRMU}_{\mathrm{Mean}} = \frac{1}{N} \sum_{j=1}^{N} \mathrm{DRMU}_j \qquad (4-10)$$

其中，$\mathrm{DRMU}_j (j = 1, \ldots, N)$ 表示第 j 只 CRMW 的风险缓释效用。

以市场平均风险缓释效用为目标，建立如下目标跟踪债券投资组合优化模型：

$$\min_{\omega} \left| \mathrm{DRMU}_{\mathrm{Por}} - \mathrm{DRMU}_{\mathrm{Mean}} \right| \qquad (4-11)$$

$$s.t. \omega^T r_{B+C} \geq r_{\mathrm{Tar}}$$

$$\sum_{i=1}^{n} \omega_i = 1$$

$$0 \leq \omega_i \leq 1, \quad i = 1, 2, \ldots, n$$

其中，$r_{B+C} = \{r_{B+C}^1, r_{B+C}^2, \ldots, r_{B+C}^n\}^T$ 表示债券投资组合中 n 只"债券 + CRMW"收益率，r_{Tar} 表示投资组合目标收益率。

更通俗地说，此投资组合优化策略是在保证投资组合目标收益的前提下，通过寻找最优权重 ω，使投资组合中 CRMW 对债券的风险缓释效用尽可能地接近市场平均风险缓释效用目标。

4.2.1 仿真分析

1. 数据选取

本文选取2019年发行的10只CRMW及其对应标的债券为"债券+CRMW"样本构建投资组合，所选债券信息及相应CRMW创设价格（数据来源：Wind数据库）如表4-1所示。

表4-1 CRMW及其标的债券信息

编号	标的债券简称 （发行主体信用评级）	CRMW简称	债券票面利率	CRMW创设价格(元)	"债券+CRMW"收益率
1	19新誉SCP001(AA)	19中国银行CRMW001	6.35%	2.0	4.35%
2	19传化CP001(AA)	19浙商银行CRMW003	6.30%	2.1	4.20%
3	19润华集团SCP001(AA)	19青岛银行CRMW002	7.00%	3.0	4.00%
4	19振石SCP001(AA)	19浙商银行CRMW004	5.98%	2.0	3.98%
5	19南翔贸易CP001(AA)	19徽商银行CRMW004	6.50%	2.5	4.00%
6	19瑞康医药SCP001(AA+)	19青岛银行CRMW001	7.00%	2.0	5.00%
7	19中天建设SCP001(AA+)	19中国银行CRMW002	5.75%	2.0	3.75%
8	19红狮SCP001(AA+)	19民生银行CRMW002	4.07%	0.61	3.46%
9	19农垦SCP001(AA+)	19光大银行CRMW001	4.21%	1.0	3.21%
10	19碧水源CP001(AA+)	19交通银行CRMW002	6.30%	1.7	4.60%

注：表中CRMW创设价格表示100元标的债券搭配CRMW所需的费用。

2. 双因子CIR模型的参数估计

根据所选CRMW及其标的债券，采用2018-03-01~2019-03-01的AA级、AA+级中债企业债即期收益率及相应期限的国债收益率（数据来源：Wind数据库）对违约强度进行参数估计。根据3.1节CIR模型参数估计方法，估计所得CIR模型参数如表4-2所示。

表 4-2 CIR 模型参数估计结果

	k	θ	σ	p_i
y_{AA}^I	0.3685	0.0126	0.5806	0.4659
y_{AA+}^I	0.2138	0.0113	0.5722	0.4273
y^C	0.3395	0.0082	0.5358	——

注：y_{AA}^I 和 y_{AA+}^I 分别表示 AA 及 AA+ 级债券违约强度异质因子，y^C 表示债券违约强度共同因子。

根据参数估计结果可得 AA 及 AA+ 级债券 Bond$_i$ 违约强度服从的双因子 CIR 模型为：

$$\begin{aligned} d\lambda_{AA}(t) = & 0.3685(0.0126 - y_i^I(t))dt + 0.5806\sqrt{y_i^I(t)}dW_{AA}(t) \\ & + 0.4659\left[0.3395(0.0082 - y^C(t))dt + 0.5358\sqrt{y^C(t)}dW_c(t) \right] \end{aligned} \quad (4-12)$$

$$\begin{aligned} d\lambda_{AA+}(t) = & 0.2138(0.0113 - y_i^I(t))dt + 0.5722\sqrt{y_i^I(t)}dW_{AA+}(t) \\ & + 0.4273\left[0.3395(0.0082 - y^C(t))dt + 0.5852\sqrt{y^C(t)}dW_c(t) \right] \end{aligned} \quad (4-13)$$

根据 3.2 节违约强度初值的估计方法，采用债券发行起始的 20 个交易日收益率时间序列数据估计债券的违约强度初值，得到各债券违约强度初值如表 4-3 所示。需要说明的是，选择发行起始的 20 个交易日数据是因为其包含了绝大部分债券发行之初的信息，又含有较少的债券发行后新增的信息。

表 4-3 债券违约强度初值

债券简称	$y_i^I(0)$	$y^C(0)$
19 新誉 SCP001	0.0351	0.0069
19 传化 CP001	0.0333	0.0069
19 润华集团 SCP001	0.0415	0.0069
19 振石 SCP001	0.0308	0.0069
19 南翔贸易 CP001	0.0337	0.0069

续表

债券简称	$y_i^I(0)$	$y^c(0)$
19 瑞康医药 SCP001	0.0429	0.0069
19 中天建设 SCP001	0.0307	0.0069
19 红狮 SCP001	0.0134	0.0069
19 农垦 SCP001	0.0172	0.0069
19 碧水源 CP001	0.0339	0.0069

3. 基于市场平均风险缓释效用目标跟踪的投资组合优化（模型Ⅰ）

假定投资者可购买任意金额的债券，且交易费用忽略不计；回收率 R=37.48%，为我国非国企平均回收率（数据来源：Wind 数据库）。

为得到 S 种可能情景下的债券违约概率，本文采用 Monte Carlo 方法模拟债券违约概率存在的多种情景，运用第二节得到的双因子 CIR 模型生成 S 次违约强度，由违约强度及式（4-1）、（4-2）计算得出债券相应的违约概率。将得到的 S 个违约概率绘成频数直方图，当 S 足够大时，此频数直方图将近似于真实的违约概率分布。

仿真研究中，对 10 只债券违约过程各进行 1000 次 Monte Carlo 模拟，并计算债券违约概率及债券风险加权收益率，进一步得到 10 只 CRMW 缓释风险分布及对应的 CRMW 风险缓释效用。在不同的 β 分位点下，由式（4-6）计算所得各 CRMW 风险缓释效用如表 4-4 所示。

表 4-4 不同 β 分位点下 CRMW 的风险缓释效用

CRMW 简称 \ β值	0.01	0.05	0.10	0.15	0.20	0.25	0.30	0.35	0.4
19 中国银行 CRMW001	0.0245	0.0263	0.0285	0.0308	0.0331	0.0355	0.0379	0.0403	0.0428
19 浙商银行 CRMW003	0.0423	0.0448	0.0480	0.0513	0.0546	0.0580	0.0615	0.0652	0.0690
19 青岛银行 CRMW002	0.0171	0.0190	0.0213	0.0237	0.0261	0.0286	0.0311	0.0338	0.0365

续表

β值 CRMW 简称	0.01	0.05	0.10	0.15	0.20	0.25	0.30	0.35	0.4
19 浙商银行 CRMW004	0.0203	0.0219	0.0239	0.0259	0.0279	0.0300	0.0322	0.0345	0.0368
19 徽商银行 CRMW004	0.0405	0.0431	0.0465	0.0498	0.0532	0.0566	0.0600	0.0636	0.0674
19 青岛银行 CRMW001	0.0302	0.0322	0.0347	0.0373	0.0399	0.0426	0.0453	0.0480	0.0509
19 中国银行 CRMW002	0.0196	0.0212	0.0232	0.0251	0.0272	0.0292	0.0312	0.0334	0.0356
19 民生银行 CRMW002	0.0201	0.0212	0.0225	0.0239	0.0252	0.0266	0.0281	0.0296	0.0311
19 光大银行 CRMW001	0.0200	0.0212	0.0226	0.0241	0.0257	0.0273	0.0289	0.0306	0.0323
19 交通银行 CRMW002	0.0463	0.0488	0.0519	0.0551	0.0584	0.0617	0.0651	0.0686	0.0723

由表 4-4 可以看出，随着 β 分位点变大，CRMW 对其标的债券违约风险的缓释效用也相应变大。这是因为，β 分位点下的 CRMW 风险缓释效用见式（4-6），表示以 $1-\beta$ 可能性出现的 CRMW 缓释风险期望值，即缓释风险分布 β 分位点右侧缓释风险的期望值，由图 4-1 可以看出，随着缓释风险分布 β 分位点右移，分位点右侧的期望值也相应增大。

根据估计所得 CIR 模型及 10 只标的债券违约强度初值（见表 4-3）与式（3-33）构建的投资组合优化模型 I，基于市场平均风险缓释效用跟踪目标进行投资组合优化策略仿真分析。考虑到计算难度问题，本节以从各行业中选取的 10 只 CRMW 的平均风险缓释效用近似替代市场平均风险缓释效用的真实值。选取 AA 级、AA+ 级债券对应的"债券 + CRMW"各 3 只（1 号、2 号、5 号、6 号、7 号、9 号）进行投资组合优化仿真。

4. 不同 β 分位点下的投资组合优化仿真分析

为观察不同 β 分位点下该投资组合优化策略的表现，设定投资组合目标收益率 $r_{Tar} = 0.045$，β 由 0.01 变动至 0.8，得到最优投资组合收益率及最优投资组合中 CRMW 对债券的风险缓释效用 $DRMU_{Por}$ 随 β 分位点变化的趋势图（图 4-2）。

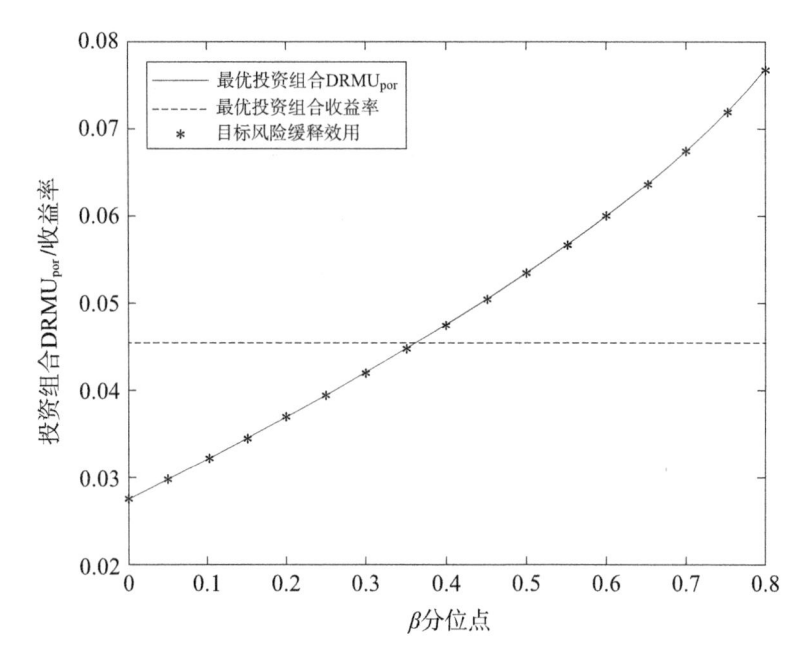

图 4-2　模型 I 下最优投资组合随 β 变化规律

从图 4-2 中可以看出，最优投资组合 $DRMU_{Por}$ 曲线和目标风险缓释效用曲线非常贴近，表明投资组合优化策略可以在保证目标收益的前提下，很好地实现预定的风险缓释效用目标。

进一步可以看出，图 4-2 中目标风险缓释效用曲线呈上升状态，这表示市场平均风险缓释效用目标随着 β 分位点的增大而升高。这是由于 CRMW 违约风险缓释效用是缓释风险分布中大于 β 分位点缓释风险的均值，随着 β 增大，缓释风险分布 β 分位点右移，分位点右侧的均值也相应增大。而市场平均风险缓释效用目标是市场中 CRMW 风险缓释效用的均值，因此 CRMW 风险缓释效用随 β 的增大而增大时，市场平均风险缓释效用目标也相应增大。

需要指出的是，β 小于 0.4 的区域是投资决策者需重点关注的区域，当 β 为 0.1 时，表明此时的 $DRMU_{Por}$ 将有 90% 的概率出现；β 大于 0.4 的区域，由于此时的 $DRMU_{Por}$ 出现的概率已小于 60%，只能提供较少有用信息给投资决策者。

通过计算得出不同 β 分位点下各"债券 + CRMW"在最优投资组合中的配比，如图 4-3 所示。

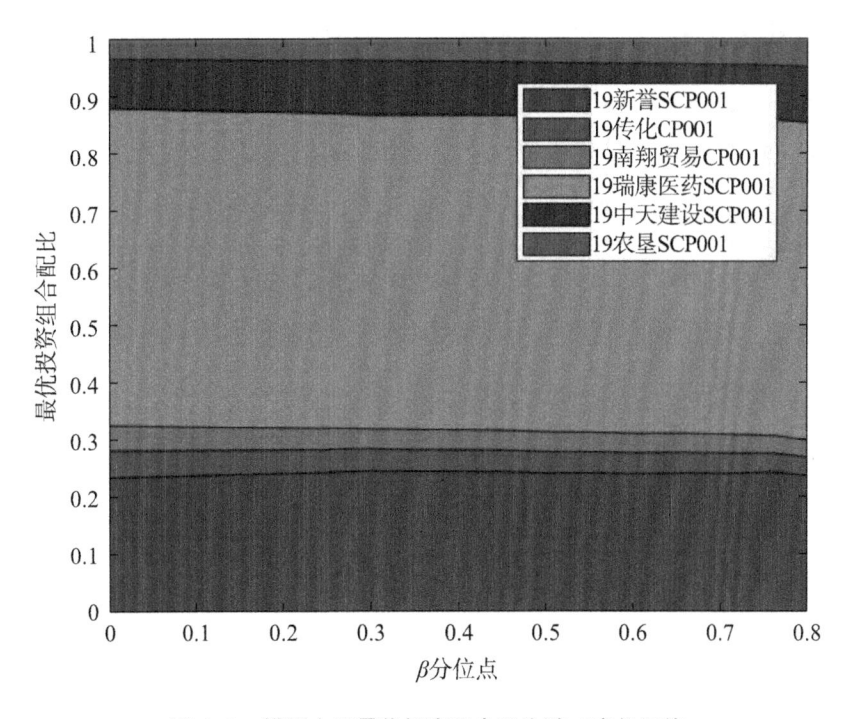

图 4-3　模型 I 下最优投资组合配比随 β 变化规律

图 4-3 中由下至上 6 个区域分别代表投资组合中 6 只"债券 + CRMW"在最优投资组合中的配比。从图 4-3 中可以看出，市场平均风险缓释效用目标下的最优投资组合配比较为稳定，各只"债券 + CRMW"在

投资组合中的配比区域变化幅度较小，这是由于市场平均风险缓释目标是市场中 CRMW 风险缓释效用的均值，在 β 分位点增大的过程中，市场中每一只 CRMW 的风险缓释效用增大，作为市场平均 CRMW 风险缓释能力的目标风险缓释效用随之增大。自然地，当 β 分位点增大时，所构建投资组合 CRMW 风险缓释效用与市场平均风险缓释效用的变化具有高同步性。在 $\beta=0$ 时已构建的最优投资组合的风险缓释效用 $DRMU_{Por}$ 已十分接近目标风险缓释效用 $DRMU_{Tar}$，在 β 分位点增大的过程中，由于各 CRMW 的风险缓释效用和目标风险缓释效用的变化具有高同步性，投资组合配比只需在已有配比上微调，即可得到新 β 分位点下的最优投资组合配比。

这也表明此时的最优投资组合在缓释不同出现概率的债券违约风险时都会有较好的表现。举例来说，当 $\beta=0.1$ 时投资者采用模型 I 配置了最优投资组合，此时的投资组合是应对 90% 概率出现的债券违约风险的最优投资组合。假设此时某突发事件使得债券违约风险变为 60% 概率（对应 $\beta=0.4$）的高水平，尽管此时投资者持有的投资组合不变，但由于 $\beta=0.1$ 和 $\beta=0.4$ 时的最优投资组合的差别较小，投资者仍能得到次优的投资结果。

5. 不同目标收益率的投资组合优化仿真分析

为观察不同目标收益率下该投资组合优化策略的表现，设定目标收益率 r_{Tar} 由 0.03 升高至 0.055，$\beta=0.10$，得到最优投资组合收益率及最优投资组合中 CRMW 对债券的风险缓释效用 $DRMU_{Por}$ 随目标收益率变化的趋势图（图 4-4）。

从图 4-4 中可以看出：在目标收益率由 0.03 升高至 0.045 的过程中，最优投资组合 $DRMU_{Por}$ 曲线与目标风险缓释效用曲线基本吻合，表明最优投资组合 DRMU$_{Por}$ 与目标风险缓释效用非常接近；在此过程中目标收益率曲线保持上升趋势，代表最优投资组合收益率随目标收益率的提高而提高，且所得最优投资组合收益率均大于相应的目标收益率。综合以上两点可以看出，此时优化策略很好地实现了预期目标。

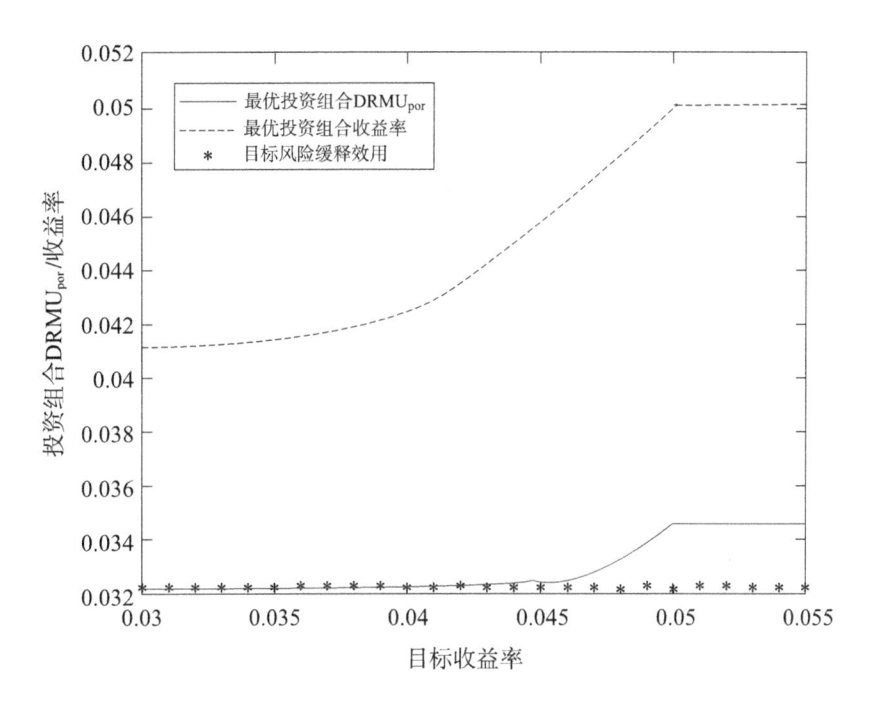

图 4-4　模型Ⅰ下最优投资组合随 r_{Tar} 变化规律

在目标收益率由 0.045 升高至 0.05 的过程中，最优投资组合收益率曲线持续上升，表明最优投资组合收益率随目标收益率的增大而增大，且所得最优投资组合收益率仍大于相应的目标收益率，但与此同时最优投资组合 DRMU$_{Por}$ 出现上扬趋势，这是由于债券投资组合中高收益债券的配比越来越高。一般来说，债券票面利率和其隐含的风险正相关，随着目标收益率的增加，投资组合会倾向于选择高风险债券（即高票面利率债券），在 CRMW 卖方无违约可能的假定下，投资组合中 CRMW 的风险缓释效用相应提高。

目标收益率由 0.05 升高至 0.055 的程中，最优投资组合收益率曲线平行于目标收益率所在的横轴且处于 0.05 的位置，这表示最优投资组合收益率恒等于 0.05；此时，最优投资组合 $DRMU_{Por}$ 曲线同样平行于目标收益率所在的横轴，表明最优投资组合 $DRMU_{Por}$ 也不再变化，这皆是由于 0.05 已是投资组合所能达到的收益率上限，此时对应的最优投资组合会全部选择收益率最高的 6 号"债券 + CRMW"组合（即 19 瑞康医药 SCP001+19 青岛银行 CRMW001）。由此可见，当投资组合的目标收益率设置过高时，投资组合将变为单一的高潜在风险、高收益债券，投资者此时选择了风险过高的投资组合。

总体来说，当目标收益率位于 0.03 至 0.045 的区间时，最优投资组合 $DRMU_{Por}$ 可以达到目标风险缓释效用；在目标收益率由 0.045 升高至 0.05 的过程中，最优投资组合 $DRMU_{Por}$ 逐渐升高并偏离目标风险缓释效用；当目标收益率高于 0.05 时，最优投资组合 $DRMU_{Por}$ 始终高于目标风险缓释效用，投资组合潜在的风险过高。综合以上分析可以看出，目标收益率处于 0.03 至 0.045 是较为合适的区间。

下面给出不同目标收益率下各"债券 + CRMW"在最优投资组合中的配比，如图 4-5 所示。

图 4-5 中由下至上 6 个区域分别代表投资组合中 6 只"债券 + CRMW"在最优投资组合中的配比。图 4-5 显示：目标收益率由 0.03 升高至 0.04 的过程中，各只"债券 + CRMW"在最优投资组合中的配比分布均匀且变化幅度较小，这是由于此时目标收益率较低，目标收益率对最优投资组合限制作用较小，最优投资组合主要致力于使 $DRMU_{Por}$ 尽可能接近市场平均风险缓释效用目标。

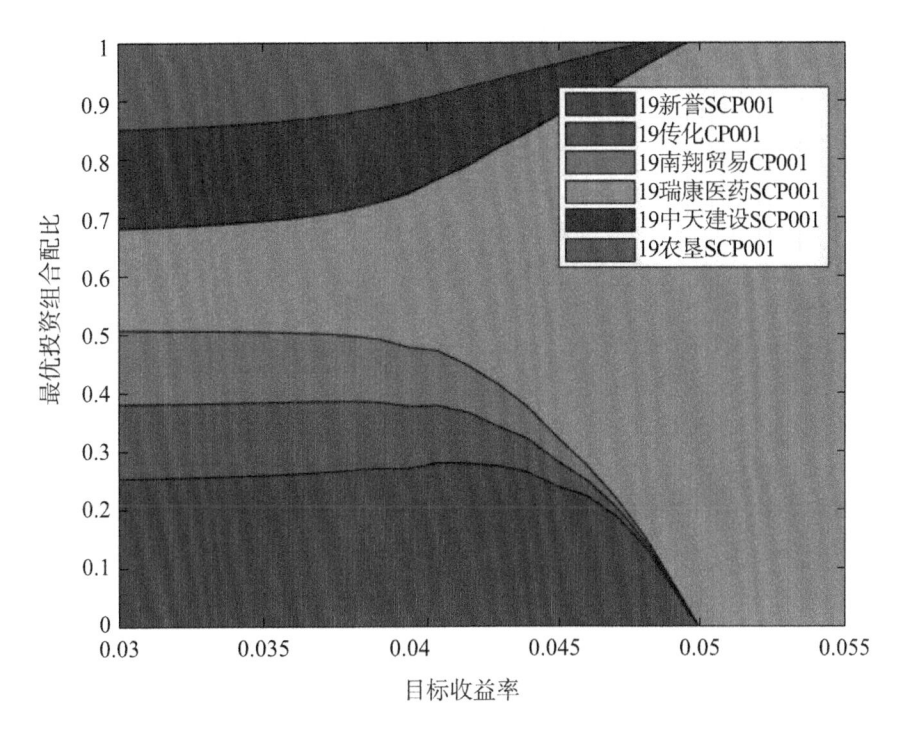

图 4-5　模型 I 下最优投资组合配比随 r_{Tar} 变化规律

目标收益率由 0.04 升高至 0.05 的过程中，6 号"债券 + CRMW"的配比区域明显增大，其他"债券 + CRMW"的配比区域逐渐减小，这表明为了满足不断提高的目标收益率，最优投资组合逐渐倾向于高收益债券。

在目标收益率高于 0.05 时，图形中仅有 6 号"债券 + CRMW"在此配比区域，代表投资组合会全部选择收益率最高的 6 号"债券 + CRMW"。

6. 不同 β 分位点及目标收益率的投资组合优化仿真分析

（1）不同 β 分位点及目标收益率下的最优投资组合 $DRMU_{Por}$ 变化规律

为观察不同 β 分位点及目标收益率下该投资组合优化策略的表现，设定 β 由 0.01 增加至 0.8，目标收益率 r_{Tar} 由 0.03 增加至 0.055，得到此时最优投资组合中 CRMW 对债券的风险缓释效用 $DRMU_{Por}$ 变化如图 4-6 所示。

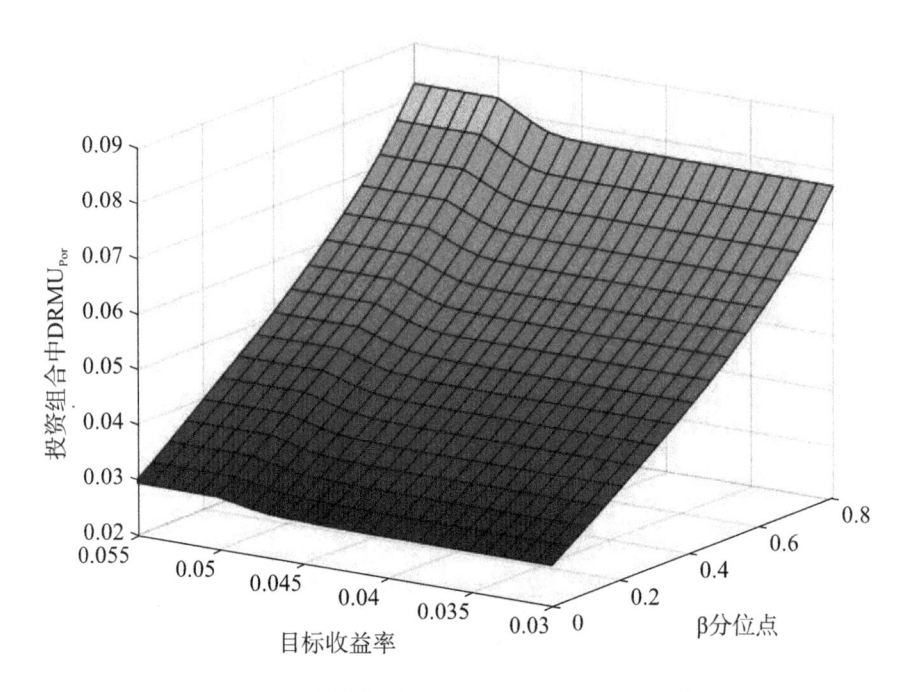

图 4-6　模型 I 下 DRMU$_{Por}$ 随 β、r_{Tar} 变化规律

从图 4-6 中可以看出，在最优投资组合中，CRMW 对债券的风险缓释效用曲面呈向上倾斜趋势，这表示随着 β 分位点的增大，以 $1-\beta$ 可能性出现的风险缓释效用 DRMU$_{Por}$ 随之提高。

与图 4-3 中所研究的 "债券 + CRMW" 最优投资组合展现出的规律相同，图 4-6 中目标收益处于 0.03-0.45 区间时，CRMW 对债券的风险缓释效用能够达到目标风险缓释效用；目标收益处于 0.045-0.05 区间时，在提高投资组合收益率的压力下，最优投资组合 DRMU$_{Por}$ 出现上扬趋势；目标收益率高于 0.05 时，最优投资组合 DRMU$_{Por}$ 保持不变。

（2）不同 β 分位点与目标收益率下最优投资组合收益率的变化规律

为观察不同 β 分位点及目标收益率下该投资组合优化策略的表现，设

第 4 章 CRMW 风险缓释效用目标跟踪的债券投资组合优化策略研究

定 β 由 0.01 增加至 0.80，目标收益率 r_{Tar} 由 0.03 增加至 0.055，得到此时投资组合收益率变化三维图（图 4-7）。

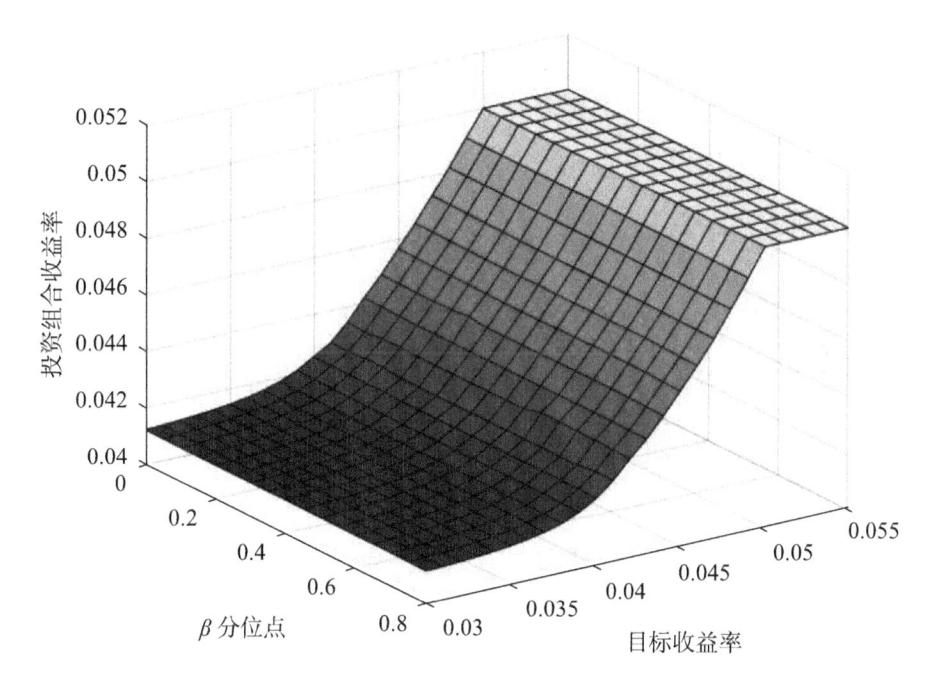

图 4-7 模型 I 下最优投资组合收益率随 β、r_{Tar} 变化规律

图 4-7 显示，在目标收益率提高的过程中，最优投资组合收益率持续升高至 0.05 后保持不变，这与图 4-3 中最优投资组合收益率展现出相同规律，且 β 分位点的增大对于投资组合收益率基本没有影响，这源于各 CRMW 风险缓释效用与市场平均风险缓释效用目标的高同步性。

4.2.2 结论

本节以市场中所有 CRMW 平均风险缓释效用为跟踪目标，构建了基于市场平均风险缓释效用目标跟踪的债券投资组合优化模型。仿真结果表明，在不同 β 分位点及合理的目标收益率下该投资组合优化模型表现出良好的性能，既可以保证目标收益率，又能够达到预定的风险缓释效用目标，且该投资组合在缓释不同概率的债券违约风险时都会有较好的表现。但当目标收益率设置过高时，投资组合潜在风险将会升高，具体表现为投资组合 $DRMU_{Por}$ 升高并偏离目标风险缓释效用。此外，投资组合的收益率对于 β 值的变化不敏感。

4.3 平均总体风险缓释目标跟踪的债券投资组合优化模型构建

本节从"债券+CRMW"投资组合"总体风险"的角度，制定平均总体风险缓释目标，构建目标跟踪债券投资组合优化模型（以下简称模型Ⅱ）。

定义单只债券的风险值 Dev 为债券风险加权收益率与债券的票面利率差的绝对值，即

$$\text{Dev} = |r_{\text{Risk}} - r_{\text{Bond}}| \quad (4-14)$$

其中，r_{Risk} 表示债券风险加权收益率，r_{Bond} 表示债券票面利率。由债券的风险加权收益率定义式（4-3）可知 $r_{\text{Bond}} \geq r_{\text{Risk}}$，因此式（4-14）可转换为

$$\text{Dev} = r_{\text{Bond}} - r_{\text{Risk}} \quad (4-15)$$

债券风险值是债券风险加权收益率与债券票面利率的偏离值，表示因债券违约可能性所造成的债券风险加权收益率"损失"。

债券风险加权收益率 r_{Risk} 随债券违约概率波动，由 4.2 节中债券风险加权收益率的概率分布，可得 Bond_i 债券风险值的概率分布，此处取其期望为债券 Bond_i 的总体风险 $\overline{\text{Dev}}_i$：

第 4 章　CRMW 风险缓释效用目标跟踪的债券投资组合优化策略研究

$$\overline{\mathrm{Dev}_i} = E[\mathrm{Dev}] \qquad (4\text{-}16)$$

债券的违约概率有 S 种可能的情景（见 4.2 节），对应产生 S 种情景下的债券风险值，债券风险值的概率分布根据此 S 种债券风险值产生。因而债券 Bond_i 总体风险 $\overline{\mathrm{Dev}_i}$ 的计算可采用如下近似算法：

$$\overline{\mathrm{Dev}_i} = \frac{1}{S}\sum_{k=1}^{S}\left(r_{\mathrm{Bond}} - r_{\mathrm{Risk}}^k\right)(k=1,2,\ldots,S) \qquad (4\text{-}17)$$

其中，r_{Risk}^k 为第 k 种情景下的债券风险加权收益率。

进一步定义该投资组合平均总体风险为

$$\mathrm{Dev}_{\mathrm{Total}} = \frac{1}{n}\sum_{i=1}^{n}\overline{\mathrm{Dev}_i} \qquad (4\text{-}18)$$

引入风险转移比 $\alpha(\alpha \in [0,1])$，以投资组合平均总体风险的 α 比例作为该投资组合的目标风险缓释效用，α 是由市场监管者综合考虑 CRMW 买方、卖方及市场风险承受能力给出的一个可控比例，据此建立如下目标跟踪债券投资组合优化模型：

$$\min_{\omega}\left|\mathrm{DRMU}_{\mathrm{Por}} - \alpha * \mathrm{Dev}_{\mathrm{Total}}\right| \qquad (4\text{-}19)$$

$$s.t. \omega^T r_{B+C} \geq r_{\mathrm{Tar}}$$

$$\sum_{i=1}^{n}\omega_i = 1$$

$$0 \leq \omega_i \leq 1, \quad i=1,2,\ldots,n$$

该投资组合优化策略是在保证投资组合目标收益的前提下，通过寻找各"债券 + CRMW"在投资组合中的最优权重 ω，使投资组合中 CRMW 对债券的风险缓释效用尽可能接近投资组合平均总体风险的 α 倍（$\alpha \in [0,1]$），这里 α 是一个可控的比例。

4.3.1 仿真分析

CRMW 风险缓释效用与其标的债券总体风险对比中，假定投资者可购买任意金额的债券，且交易费用忽略不计，回收率 $R=37.48\%$，为我国非国企平均回收率（数据来源：Wind 数据库）。

本仿真分析所用"债券+CRMW"同第 3 章，即 2019 年发行的 10 只 CRMW 及其对应标的债券，CRMW 及其标的债券具体信息见表 3-1。由于仿真所用"债券+CRMW"同第 3 章，故本章所用 CIR 模型参数及其违约强度初值同第三章，具体见表 3-2、表 3-3。

根据 3.2.2 节估计所得参数，对 10 只债券违约过程各进行 1000 次 Monte Carlo 模拟，并计算债券违约概率及债券风险加权收益率，进一步得到 10 只 CRMW 的风险缓释效用及其标的债券总体风险。下面以 $\beta=0.1$ 为例给出各 CRMW 的风险缓释效用与其标的债券总体风险的对比图，如图 4-8 所示。

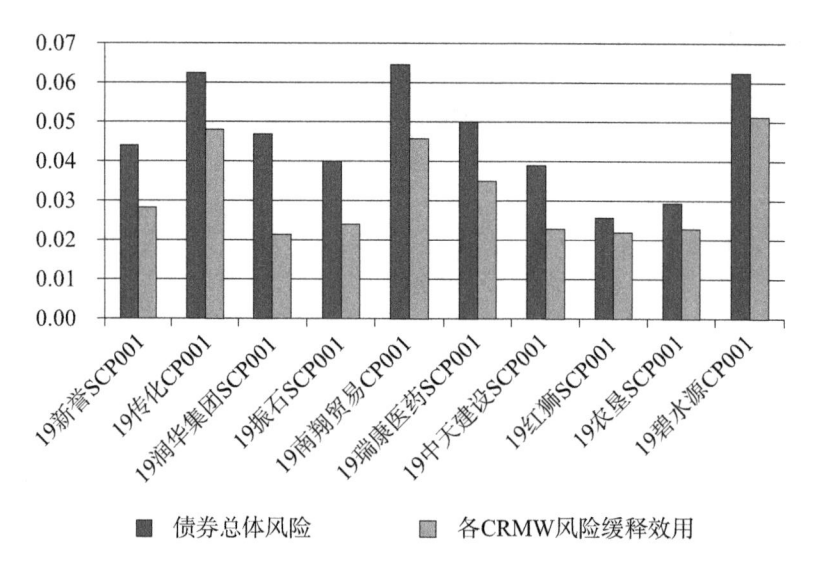

图 4-8　$\beta=0.1$ 各 CRMW 风险缓释效用及其债券总体风险

图 4-8 显示，$\beta = 0.1$ 分位点下各 CRMW 风险缓释效用基本都达到了其标的债券总体风险的 50% 以上，只有 19 青岛银行 CRMW002（标的债券：19 润华集团 SCP001）的风险缓释效用与其标的债券总体风险的比值为 45.66%，这是由于 19 青岛银行 CRMW002 的创设价格为 3 元，明显高于其他 CRMW 的创设价格。其中各 CRMW 风险缓释效用与标的债券总体风险的比值最高为 86.77%，其标的债券为 19 红狮 SCP001。

4.3.2 基于平均总体风险缓释目标跟踪的投资组合优化仿真（模型 II）

根据估计所得 CIR 模型及 10 只标的债券违约强度初值与式（4-6）构建的模型 II，基于平均总体风险缓释跟踪目标进行投资组合优化策略仿真分析。

1. 不同 β 分位点下的投资组合优化仿真分析

为观察不同 β 分位点下该投资组合优化策略的表现，设定 β 由 0 变动至 0.8，投资组合目标收益率 $r_{\text{Tar}} = 0.045$，风险转移比 $\alpha = 0.8$，得到最优投资组合收益率及最优投资组合中 CRMW 对债券风险缓释效用 DRMU_{Por} 随 β 分位点变化的趋势图（图 4-9）。

图 4-9 表明：β 小于 0.3 时，最优投资组合 DRMU_{Por} 曲线与目标风险缓释效用曲线贴合得较好，表示此时投资组合 DRMU_{Por} 能够达到或贴近目标风险缓释效用，且此时最优投资组合收益率曲线有轻微上扬，投资组合收益率皆略高于目标收益率 0.045。

β 大于 0.3 时，最优投资组合 DRMU_{Por} 曲线与目标风险缓释效用曲线偏离越来越大，这表明此时投资组合 DRMU_{Por} 越来越难以达到目标风险缓释效用，平均总体风险缓释目标已不再适用。这是由于随着 β 分位点变大，以 $1-\beta$ 概率出现 CRMW 的风险缓释效用随之变大，使得投资组合 $DRMU_{Por}$ 明显高于目标风险缓释效用。

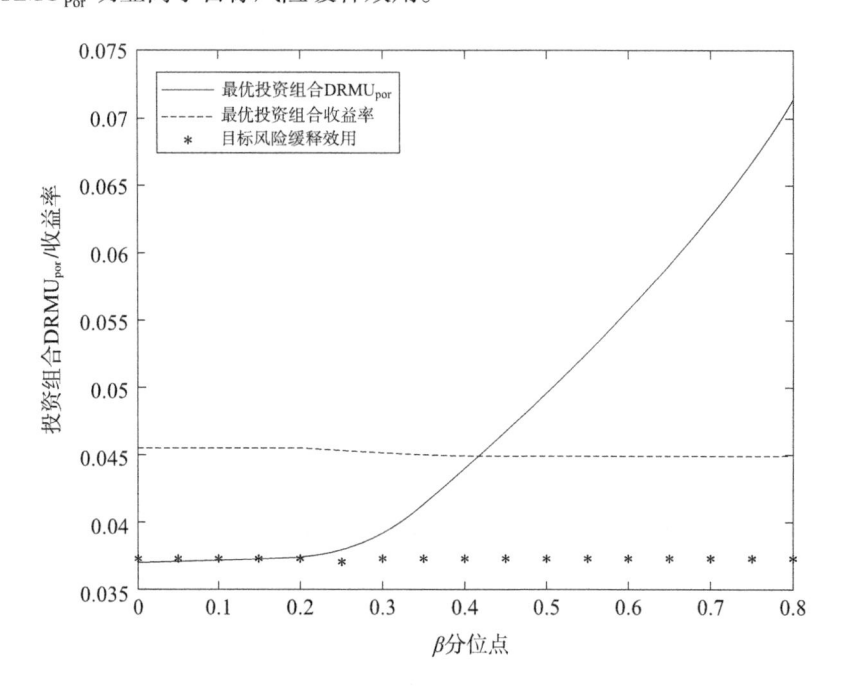

图 4-9 模型 II 下最优投资组合随 β 变化规律

由以上分析可以看出，基于总风险缓释比率目标的投资组合优化策略适用于 β 较小时的情景，即适用于对高概率出现的 $DRMU_{Por}$ 的优化。

计算得出不同 β 分位点下各 "债券 + CRMW" 在最优投资组合中配比如图 4-10 所示。

从图 4-10 中可以看到，β 小于 0.3 时，最优投资组合中含有各个 "债券 + CRMW"，这与投资组合中应含有不同投资品以分散风险的原则一致，投资组合配比较为合理；β 大于 0.3 时，在达到目标风险缓释效用及满足目标收益率的双重约束下，最优投资组合的配比越来越单一，这也佐证了总

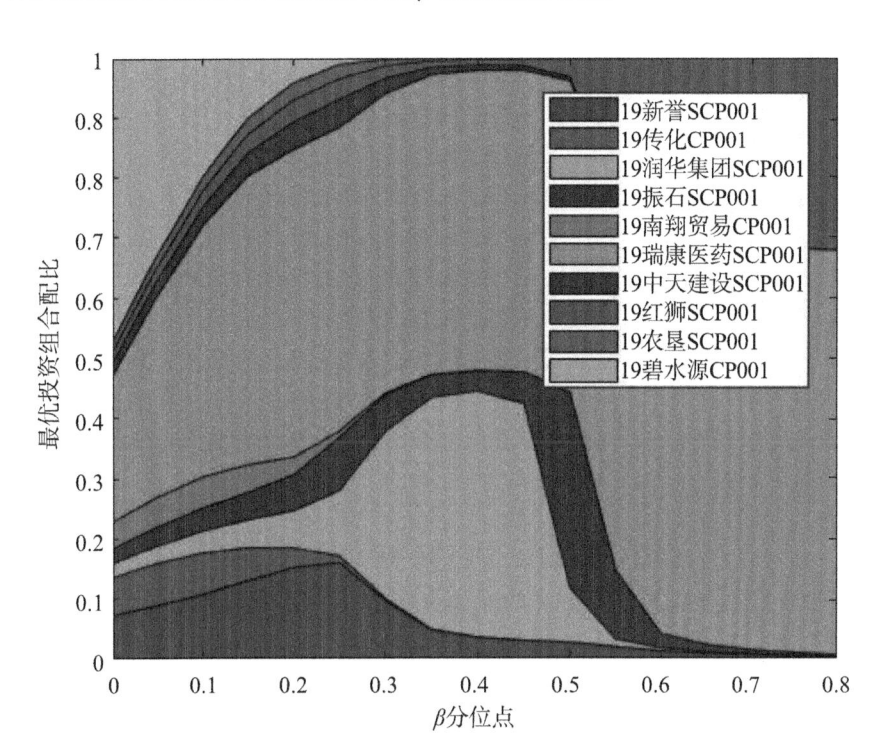

体风险缓释目标适用于投资组合低 β 值优化的结论。

图 4-10 模型 II 下最优投资组合配比随 β 变化规律

2. 不同风险转移比的投资组合优化仿真分析

为观察不同风险转移比下该投资组合优化策略的表现，设定风险转移比 α 由 0.5 变动至 0.9，投资组合目标收益率 r_{Tar} = 0.045，β = 0.10，得到最优投资组合收益率及最优投资组合中 CRMW 对债券的风险缓释效用 $DRMU_{Por}$ 随风险转移比 α 变化的趋势图（如图 4-11 所示）。

图 4-11 显示，当风险转移比 α 处于 0.5-0.65 区间时，最优投资组合 $DRMU_{Por}$ 曲线与目标风险缓释效用曲线有一定偏离，且投资组合 $DRMU_{Por}$ 高于目标风险缓释效用，这是由低风险转移比造成的，较低的风险转移比会导致目标风险缓释效用整体较低。

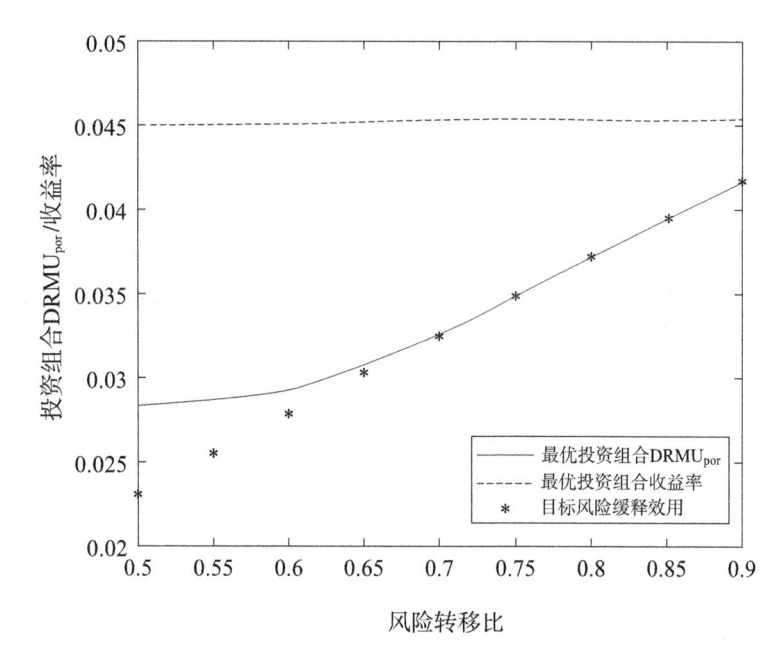

图 4-11 模型Ⅱ下最优投资组合随 α 变化规律

当风险转移比 α 处于 0.65-0.90 区间时，投资组合 $DRMU_{Por}$ 曲线与目标风险缓释效用曲线贴合较好，表明投资组合 $DRMU_{Por}$ 能够达到目标风险缓释效用，且此时最优投资组合收益率曲线有轻微上扬，投资组合收益率皆略高于目标收益率 0.045。

计算得出不同风险转移比 α 下各"债券 + CRMW"在最优投资组合中配比如图 4-12 所示。

图 4-12 显示，当风险转移比 α 处于 0.5-0.65 区间时，1、3 和 6 号"债券 + CRMW"的配比区域占据了图形的绝大部分，表明在降低投资组合 $DRMU_{Por}$ 和保证目标收益率的双重约束下，投资组合配比较单一；风险转移比 α 处于 0.65-0.90 区间时，投资组合中逐渐加入多种"债券 + CRMW"。综合以上关于总体风险缓释目标中风险转移比的分析可以看出，当风险转移比 α 处于 0.65-0.90 时，CRMW 对债券的风险缓释效用能够达

到目标风险缓释效用，投资组合收益率略高于目标收益率，且投资组合中含有多种"债券 + CRMW"。综合图 4-11 及图 4-12 的分析可以看出，风险转移比 α 处于 0.65–0.90 是较为合理的取值范围。

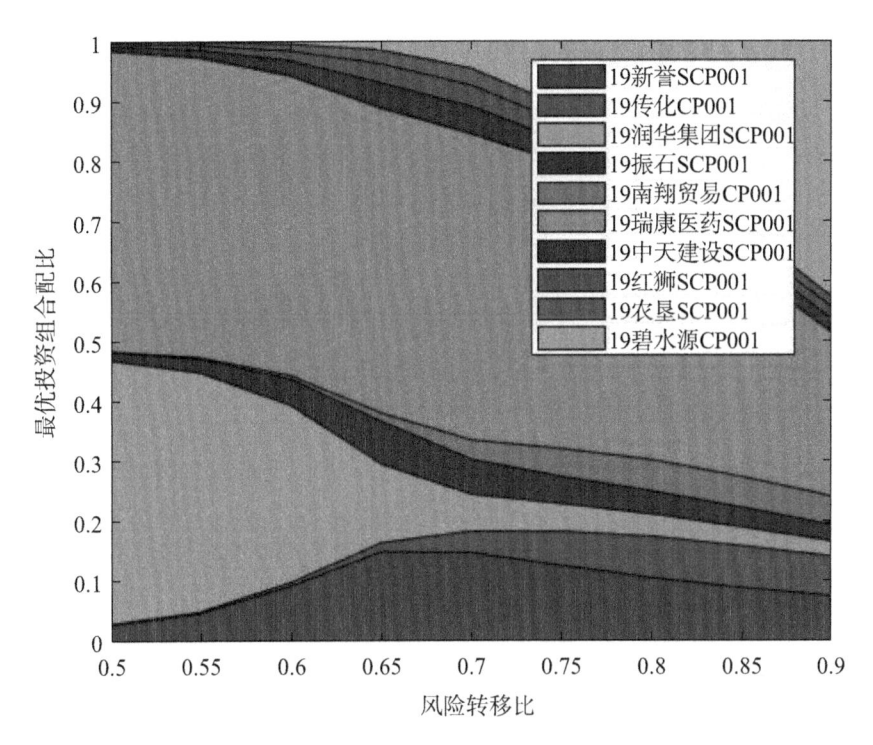

图 4-12　模型 II 下最优投资组合配比随 α 变化规律

3. 不同目标收益率的投资组合优化仿真分析

为观察不同目标收益率下该投资组合优化策略的表现，设定目标收益率 r_{Tar} 由 0.03 升高至 0.055，$\beta = 0.10$，风险转移比 $\alpha = 0.8$，得到最优投资组合收益率及最优投资组合中 CRMW 对债券的风险缓释效用 $DRMU_{Por}$ 随目标收益率变化的趋势图（图 4-13）。

从图 4-13 中可以看出：在目标收益率由 0.03 升高至 0.045 的过程中，最优投资组合 $DRMU_{Por}$ 曲线与目标风险缓释效用曲线基本吻合，表明最优

投资组合 $DRMU_{Por}$ 与目标风险缓释效用非常接近；在此过程中目标收益率曲线保持上升趋势，代表最优投资组合收益率随目标收益率的提高而提高，且所得最优投资组合收益率均大于相应的目标收益率。综合以上两点可以看出，此时优化策略很好地实现了预期目标。

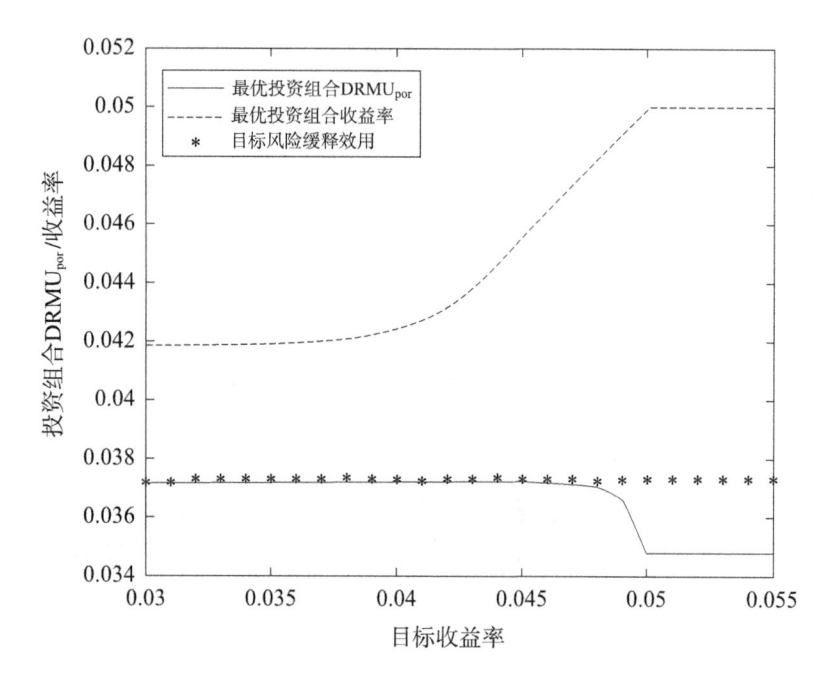

图 4-13　模型 Ⅱ 下最优投资组合随 r_{Tar} 变化规律

在目标收益率由 0.045 升高至 0.05 的过程中，最优投资组合收益率曲线持续上升，表明最优投资组合收益率随目标收益率的增大而增大，且所得最优投资组合收益率仍略大于相应的目标收益率，但与此同时最优投资组合 $DRMU_{Por}$ 出现下降趋势，这是由于债券投资组合中收益率最高的 6 号"债券 + CRMW"配比越来越高（见图 4-7），而 6 号"债券 + CRMW"中 CRMW 的风险缓释效用为 0.0347，小于此时的目标风险缓释效用 0.0372。这表明此时优化策略为了使投资组合达到目标收益率，牺牲了部分风险缓

第 4 章 CRMW 风险缓释效用目标跟踪的债券投资组合优化策略研究

释效用。

目标收益率由 0.05 升高至 0.055 的程中，最优投资组合收益率曲线平行于目标收益率所在的横轴且处于 0.05 的位置，这表示最优投资组合收益率恒等于 0.05；此时，最优投资组合 $DRMU_{Por}$ 曲线同样平行于目标收益率所在的横轴，表明最优投资组合 $DRMU_{Por}$ 也不再变化，这皆是由于 0.05 已是投资组合所能达到的收益率上限，此时对应的最优投资组合会全部选择收益率最高的 6 号"债券 + CRMW"组合（即 19 瑞康医药 SCP001+19 青岛银行 CRMW001）。由此可见，当投资组合的目标收益率设置过高时，投资组合将变为单一高收益债券，投资组合潜在风险升高，表明投资者此时选择了风险过高的投资组合。

总体来说，当目标收益率位于 0.03 至 0.045 的区间中时，最优投资组合 $DRMU_{Por}$ 可以达到目标风险缓释效用；当目标收益率由 0.045 升高至 0.05 的过程中，最优投资组合 $DRMU_{Por}$ 逐渐降低并偏离目标风险缓释效用；当目标收益率高于 0.05 时，最优投资组合 $DRMU_{Por}$ 始终低于目标风险缓释效应，投资组合构成单一，投资组合潜在的风险过高。综合以上分析可以看出，目标收益率处于 0.03 至 0.045 是较为合适的区间。

下面给出不同目标收益率下各"债券 + CRMW"在最优投资组合中的配比，如图 4-14 所示。

图 4-14 中由下至上 10 个区域分别代表投资组合中 10 只"债券 + CRMW"在最优投资组合中的配比。图 4-14 显示：目标收益率由 0.03 升高至 0.04 的过程中，各只"债券 + CRMW"在最优投资组合中的配比分布均匀且变化幅度较小，这是由于此时目标收益率较低，目标收益率对最优投资组合限制作用较小，最优投资组合主要致力于使 $DRMU_{Por}$ 尽可能接

近目标风险缓释效用。

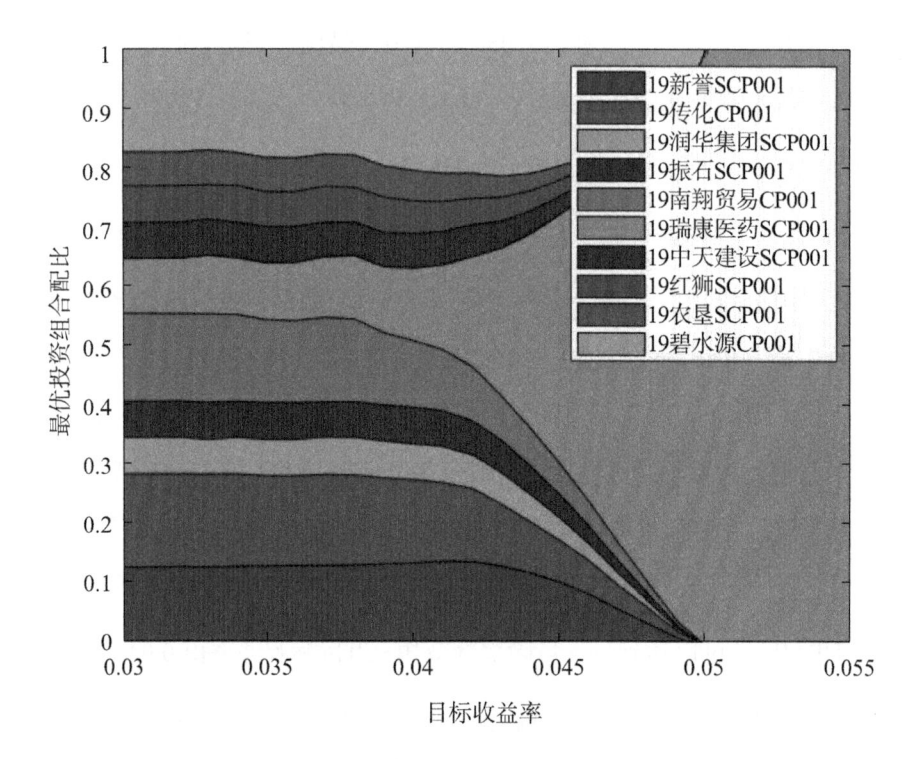

图 4-14　模型 Ⅱ 下最优投资组合配比随 r_{Tar} 变化规律

目标收益率由 0.04 升高至 0.05 的过程中，6 号"债券 + CRMW"的配比区域明显增大，其他"债券 + CRMW"的配比区域逐渐减小，这表明为了满足不断提高的目标收益率，最优投资组合逐渐倾向于高收益债券，投资组合的配比趋向于单一化，投资组合潜在风险升高。

在目标收益率高于 0.05 时，图形中仅有 6 号"债券 + CRMW"的配比区域，代表投资组合会全部选择收益率最高的 6 号"债券 + CRMW"。

4. 不同 β 分位点及风险转移比的投资组合优化仿真分析

（1）不同 β 分位点及风险转移比下的最优投资组合 $DRMU_{Por}$ 变化规律

为观察不同 β 分位点及风险转移比 α 下该投资组合优化策略的表现，

设定 β 由 0 增加至 0.80，总风险转移比由 0.5 增加至 0.9，投资组合目标收益率 $r_{Tar} = 0.045$，得到此时最优投资组合 $DRMU_{Por}$ 变化如图 4-15 所示。

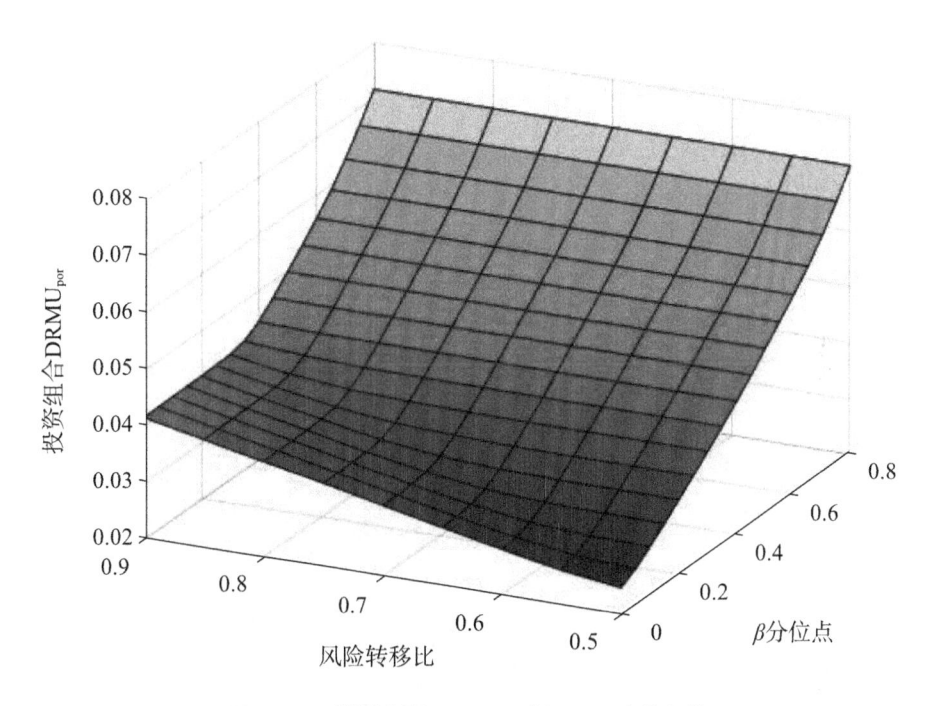

图 4-15 模型 Ⅱ 下 $DRMU_{Por}$ 随 β、α 变化规律

图 4-15 显示，曲面向右上方倾斜，表明随着 β 分位点的提高，最优投资组合 $DRMU_{Por}$ 随之提高；且当 β 小于 0.3 时，最优投资组合 $DRMU_{Por}$ 会随着风险转移比的提高而提高，这是由于风险转移比的增大提高了目标风险缓释效用，当 β 大于 0.3 时，最优投资组合 $DRMU_{Por}$ 基本不会因风险转移比的不同而变化，这是由于无论此时风险转移比取何值，投资组合 $DRMU_{Por}$ 都将显著高于总体风险缓释目标。这再次证明总体风险缓释目标的适用范围为 $\beta \in [0, 0.3]$，投资者应在 $\beta \in [0, 0.3]$ 范围内应用此策略进行投资组合优化。

（2）不同 β 分位点及风险转移比下最优投资组合收益率的变化规律

为观察不同 β 分位点及风险转移比下该投资组合优化策略的表现，设定 β 由 0 增加至 0.80，总风险转移比由 0.5 增加至 0.9，投资组合目标收益率 $r_{Tar} = 0.045$，得到此时最优投资组合收益率变化曲面图（图 4-16）。

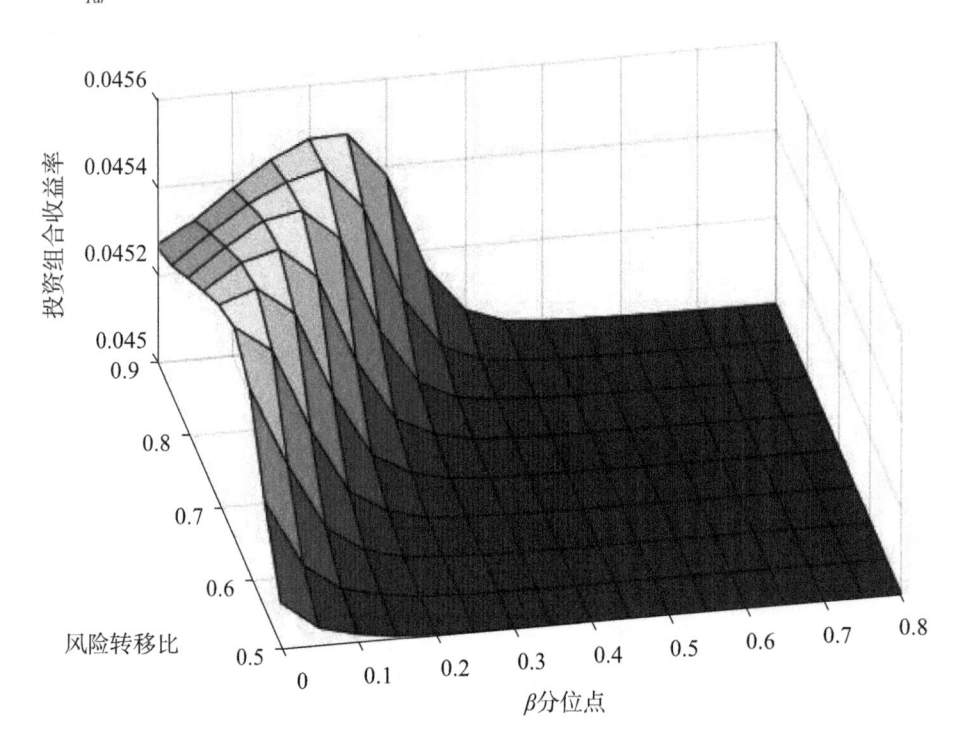

图 4-16　模型 II 下最优投资组合收益率随 β、α 变化规律

图 4-16 显示：β 处于 0.01-0.20 区间时，曲面高度随着风险转移比增大先上升后下降，表明随着风险转移比的提高，最优投资组合收益率会呈现先上升后下降的趋势。这是由于随着风险转移比提高，引起目标风险缓释效用的增大，在此过程中目标风险缓释效用与各 CRMW 风险缓释效用的数值先靠近后远离，使得投资组合 $DRMU_{Por}$ 贴近目标风险缓释效应所要牺牲的收益率先减小后增大，引致投资者组合收益率先上升后下降。

当 β 处于 0.20–0.40 区间时，曲面高度随着风险转移比增大逐渐提高，表明随着风险转移比的提高，最优投资组合收益率增大；当 β 大于 0.40 时，曲面高度基本不变，表明最优投资组合收益率绝大多数情况下只能等于目标收益率，这是由于较大 β 分位点下的 CRMW 风险缓释效用远高于目标风险缓释效用。

风险转移比处于 0.7–0.9 区间时，随着 β 的增大曲面高度先升后降，表明最优投资组合收益率先升高后降低，这是由于在投资组合 $DRMU_{Por}$ 随 β 增大而增大的过程中，其与目标风险缓释效用先接近后远离，达到目标风险缓释效用所需要牺牲的投资组合收益率先降后升。

整体来看，从图 4-16 中可以明显看到存在一个投资组合收益率的"峰值带"，这表示投资者可以通过调整 β 分位点和风险转移比 α，使得投资组合的收益率达到峰值。具体来说，在 β 为 0.01–0.25 内某一值时，通过变动风险转移比 α 投资者可以得到投资组合收益率的一个峰值。

4.3.3 仿真分析结论

本节从债券投资组合"总体风险"的角度，制定了平均总体风险缓释目标，构建了基于平均总体风险缓释目标跟踪的投资组合优化模型。仿真结果表明，在合适的 β 分位点、风险转移比 α 及合理的目标收益率下，该投资组合优化模型表现出良好的性能。具体来说在 $\beta \in [0,0.3]$、$\alpha \in [0.65, 0.9]$、$r_{Tar} \leqslant 0.045$ 时，最优投资组合既可以保证目标收益率，又能达到预定的投资组合风险缓释效用目标。此外，仿真结果还表明，投资者可以通过调整 β 分位点和风险转移比 α，使得投资组合的收益率达到峰值。

4.4 动态风险缓释目标跟踪的投资组合优化模型构建

受发行主体及市场环境等内外因素的影响,债券在存续期内其违约概率会产生波动,一旦违约概率出现较大幅度增加,投资者将面临较高的债券违约风险,即债券风险值(定义见式 4-2)较大幅度增加。该债券风险值以多大可能性(概率)出现,对该风险如何进行缓释及缓释目标如何制定,这些问题的解决将为实务界把控风险提供新的思路与技术,具有很高的实践应用价值。本章以不同风险出现的概率为切入点,借助于概率分位点理论定义动态风险并制定动态风险缓释目标,构建债券投资组合优化模型(以下简称模型Ⅲ)。

动态风险的定义基于债券风险值的概率分布,因此首先给出 $Bond_i$ 债券风险值的概率分布示意图(图 4-17)。

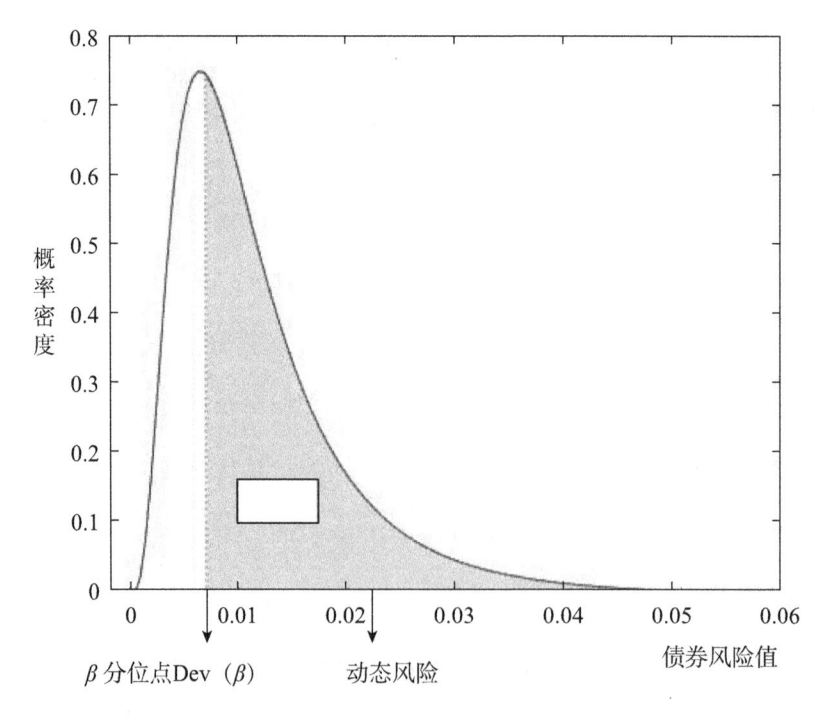

图 4-17 债券风险值概率分布示意图

第 4 章　CRMW 风险缓释效用目标跟踪的债券投资组合优化策略研究

需要说明的是，根据式（4-2）可知，债券风险加权收益率与债券风险值的概率密度曲线形状一致。

图 4-17 中，β 位点 $\mathrm{Dev}(\beta)$ 表示债券风险值概率分布的 β 下分位数，则大于 β 分位点的债券风险值（定义见式 4-5）出现的概率为 $1-\beta$。在此基础上定义债券动态风险 Dev 为

$$\mathrm{Dev}_i = \frac{1}{1-\beta}\int_{\mathrm{Dev}>\mathrm{Dev}(\beta)} \mathrm{Dev} * p(\mathrm{Dev})\mathrm{dDev} \qquad (4\text{-}20)$$

其中，$p(\mathrm{Dev})$ 为债券风险值的概率密度。由式（4-20）刻画的债券动态风险，是高于债券风险值概率分布中 β 分位点的债券风险值的期望，表示 $1-\beta$ 概率下出现债券风险值的平均值。譬如 $\beta=0.7$ 时，债券动态风险 Dev 表示 30% 可能性出现的债券风险值的均值（即 0.7 分位点下的动态风险）。

需要说明的是，β 分位点下的债券动态风险出现时，CRMW 风险缓释效用也将同步达到 β 分位点下的水平。这是因为，由债券风险值的定义（见式 4-20）和缓释风险的定义（见式 4-5）可知，债券风险值分布和缓释风险分布都唯一取决于风险加权收益率分布。由式（4-4）风险加权收益率的定义可知，当债券票面率 r_{Bond} 及回收率 R 不变时，债券风险加权收益率由债券违约概率 $P_D(t,T)$ 唯一决定，故当债券风险加权收益率因违约概率较大而达到低点时，将同时对应于债券风险值高点和缓释风险高点。

动态风险缓释目标的计算采用与风险缓释效用类似的方法，债券违约概率的 S 种可能情景中将产生 S 个债券风险值，则动态风险的计算方法可表示如下：

$$\mathrm{Dev}_i = \mathrm{Dev}(\beta) + \frac{1}{S(1-\beta)}\sum_{k=1}^{S}\left[\mathrm{Dev}_k - \mathrm{Dev}(\beta)\right]^+ \qquad (4\text{-}21)$$

其中，S 为债券风险值可能出现的情景数，Dev_k 表示第 k 种情景中的债券风险值，且式中

$$[\mathrm{Dev}_k - \mathrm{Dev}(\beta)]^+ = \max(\mathrm{Dev}_k - \mathrm{Dev}(\beta), 0) \qquad (4-22)$$

进一步定义投资组合的动态风险 $\mathrm{Dev}_{\mathrm{Total}}$ 为

$$\mathrm{Dev}_{\mathrm{Total}} = \frac{1}{n}\sum_{i=1}^{n}\mathrm{Dev}_i \qquad (4-23)$$

类似第四节中平均总体风险缓释目标的构建，引入风险转移比 $\alpha(\alpha \in [0,1])$，以 $\alpha * \mathrm{Dev}_{\mathrm{Total}}$ 作为该投资组合的风险缓释效用目标，建立动态风险缓释目标跟踪的债券投资组合优化模型：

$$\min_{\omega} |\mathrm{DRMU}_{\mathrm{por}} - \alpha * \mathrm{Dev}_{\mathrm{Total}}| \qquad (4-24)$$

$$s.t.\ \omega^T r_{B+C} \geq r_{\mathrm{Tar}}$$

$$\sum_{i=1}^{n}\omega_i = 1$$

$$0 \leq \omega_i \leq 1, \quad i = 1, 2, \ldots, n$$

此投资组合优化策略是在 β 分位点下，通过变动各"债券 + CRMW"在投资组合中的权重 ω，在保证投资组合目标收益的前提下，使投资组合中 CRMW 对债券的风险缓释效用尽可能地接近 α 倍投资组合动态风险，这里 α 是一个可控的比例。

4.4.1 仿真分析

假定投资者可购买任意金额的债券，且交易费用忽略不计；回收率 R=37.48%，为我国非国企平均回收率（数据来源：Wind 数据库）。

本仿真分析所用"债券 + CRMW"同第 3 章，即 2019 年发行的 10 只

第4章　CRMW风险缓释效用目标跟踪的债券投资组合优化策略研究

CRMW及其对应标的债券，CRMW及其标的债券具体信息见表4-1。由于仿真所用"债券+CRMW"同第3章，故本节所用CIR模型参数及其违约强度初值同第三章，具体见表4-2、表4-3。

根据3.2.2节估计所得CIR模型参数，对10只债券违约过程各进行1000次Monte Carlo模拟，进一步对由式（4-5）构建的模型Ⅲ进行投资组合优化策略仿真分析，探寻以$1-\beta$概率出现较高风险时的投资组合优化策略。

在不同β分位点下的投资组合优化仿真分析中，为观察不同β分位点下该投资组合优化策略的表现，设定β由0变动至0.95，投资组合目标收益率$r_{\text{Tar}}=0.045$，风险转移比$\alpha=0.8$，得到最优投资组合收益率及最优投资组合中CRMW对债券的风险缓释效用DRMU_{Por}随β分位点变化的趋势图（图4-18）。

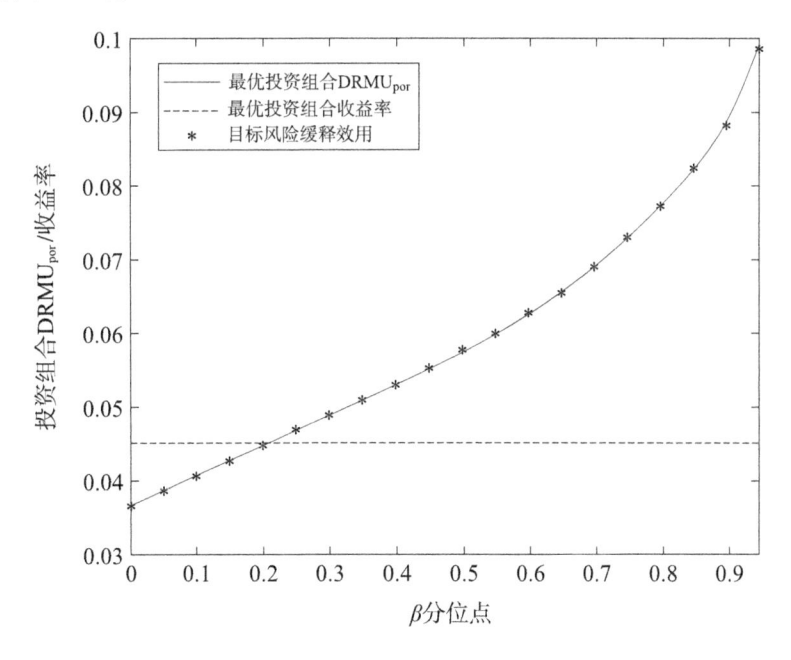

图4-18　模型Ⅲ下最优投资组合随β变化规律

由图 4-18 可以看出，最优投资组合中 CRMW 对债券的风险缓释效用曲线（$DRMU_{Por}$ 曲线）与目标风险缓释效用曲线贴合得非常好。β 大于 0.7 时，最优投资组合 $DRMU_{Por}$ 曲线与目标风险缓释目标曲线的斜率明显增大，表明此时债券出现了极端情况下的高风险，而此时两曲线仍保持良好的贴合状态，表明动态风险缓释跟踪目标投资组合优化策略即使在极端高风险下仍能表现出良好的性能。

总体来看，该投资组合优化策略可以在不同 β 分位点下，在保证投资组合目标收益率的同时达到目标风险缓释效用，即在不同概率出现的风险下，该投资组合优化策略都可以达到预期效果。

计算得出不同 β 分位点下各"债券 + CRMW"在最优投资组合中的配比如图 4-19 所示。

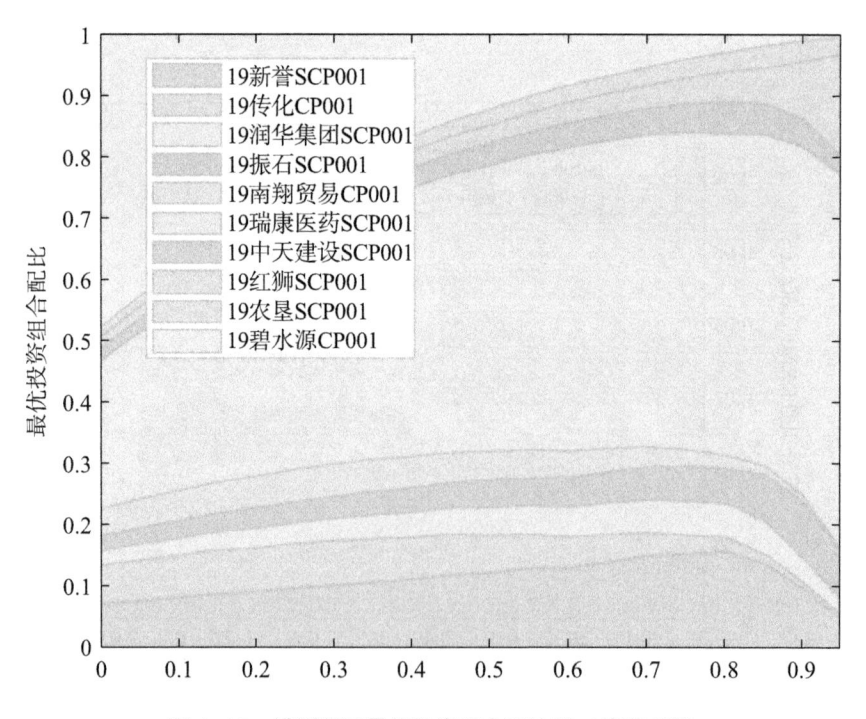

图 4-19 模型Ⅲ下最优投资组合配比随 β 变化规律

第 4 章　CRMW 风险缓释效用目标跟踪的债券投资组合优化策略研究

图 4-19 中由下至上 10 个区域分别代表投资组合中 10 只"债券 + CRMW"在投资组合中的占比。

由图 19 可以看出：当 β 处于 0-0.8 区间时，随着 β 分位点的增大，10 号"债券 + CRMW"在投资组合中的占比逐步减小，1 号"债券 + CRMW"占比逐渐增大。由图 4-1 中数据可知，1 号债券风险值 $\overline{\mathrm{Dev}}_1 = 0.0441$ 小于 10 号债券 $\overline{\mathrm{Dev}}_{10} = 0.0626$，这表明随着 β 分位点增大债券出现较高风险时，最优投资组合中高风险债券的占比减小，风险值更小、更加稳健的债券配比加大。

当 β 处于 0.8-0.95 区间时，风险值较高的 10 号债券、2 号债券、5 号债券（图 4-19）在最优投资组合中的配比进一步减小，与此同时 1 号债券在最优投资组合中占比开始减小，风险值更小的 8 号债券（$\overline{\mathrm{Dev}}_8 = 0.0259$）在投资组合中的占比开始增大。这表明随着债券投资组合出现极端情况下的高风险，投资组合将进一步向稳健、低风险方向演变。

该组合优化策略能够自发的在 $1-\beta$ 概率出现的较高风险情景下选择更加稳健、低风险的债券投资组合，这源于风险缓释效用、动态风险的定义及该投资组合优化策略中风险转移比 α 的设定。为进一步阐释该原因，下面考察动态风险缓释目标随 β 变化规律，具体见图 4-20。

图 4-20 中目标风险缓释效用曲线表示风险转移比 $\alpha = 0.8$ 时的动态风险缓释目标，投资组合中 CRMW 对债券的风险缓释效用可达边界曲线表示投资组合无限制条件时，在不同 β 分位点下风险缓释效用可以达到的上界及下界，风险缓释效用可达范围中线（以下简称为"中线"）表示 $\mathrm{DRMU}_{\mathrm{Por}}$ 可达范围的平分线。由式（4-20）可知债券动态风险 Dev_T 曲线与目标风险缓释效用曲线间的垂直距离为 $(1-\alpha)\mathrm{Dev}_T$，随着 β 分位点增大，

债券动态风险 Dev_T 随之增大，该曲线间的垂直距离 $(1-\alpha)\text{Dev}_T$ 相应增大，即目标风险缓释效用曲线随 β 分位点增大将变得相对平缓。从图 4-20 中可以看出，$\beta=0.01$ 时目标风险缓释效用曲线位于中线以上，随着 β 分位点的增大，目标风险缓释效用曲线逐渐靠近中线，$\beta=0.55$ 时两线相交，此后风险缓释效用曲线位于中线以下，并逐渐远离中线。这表明动态风险缓释目标跟踪的投资组合优化策略能够自发的在 $1-\beta$ 概率出现的高风险情景下选择更加稳健、低风险的债券投资组合。

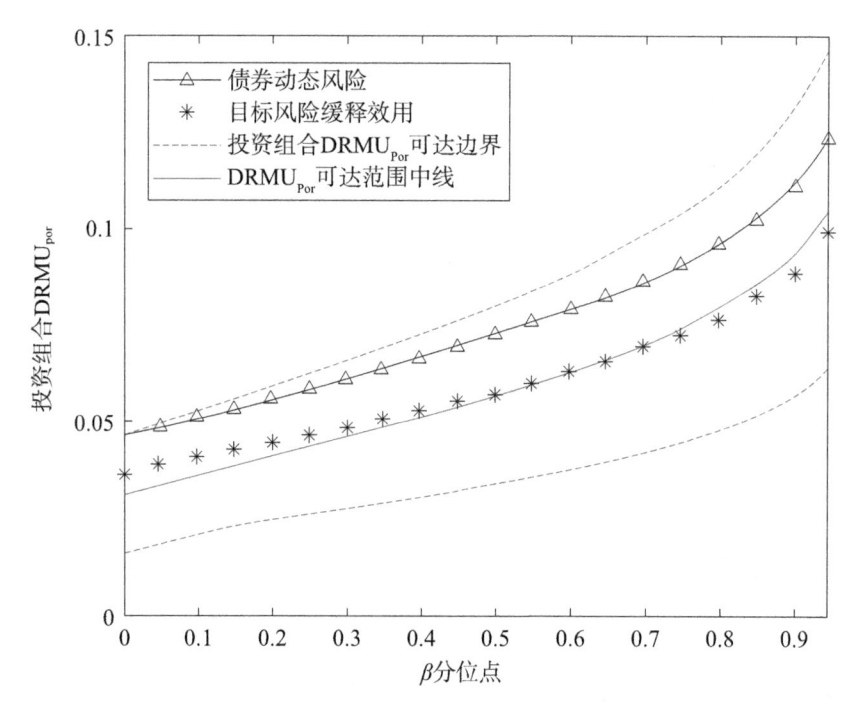

图 4-20 动态风险缓释目标随 β 变化规律

另外，从图 4-20 中还可以看出，当风险转移比 α 减小时，目标风险缓释效用曲线将下移，使得不同 β 分位点下的最优投资组合都趋向于更低风险的配比，这揭示出风险转移比 α 具有控制最优投资组合风险偏好的功能。

第 4 章　CRMW 风险缓释效用目标跟踪的债券投资组合优化策略研究

需要注意的是，风险值高的债券，往往其对应 CRMW 的风险缓释效用也较高，那么在债券投资组合出现高风险状态时，为何不选择具有较高风险缓释效用的"债券 + CRMW"以将更多风险进行转移呢？这是由于在债券普遍处于高风险状态时，CRMW 卖方无违约可能的假定将被破坏，即使投资者为债券搭配了信用风险缓释工具 CRMW，也无法保证 CRMW 卖方必定会赔付所有标的债券损失，需要通过调整投资组合配比以规避风险。例如，在 2008 年金融危机之前，美国国际集团曾为大量住房抵押贷款相关证券提供类似 CRMW 的信用保险业务。作为世界上最大的保险集团，一般来说可假定其违约的可能性不存在，但在金融危机期间其确实曾出现无法履约的情况。

4.4.2　不同风险转移比的投资组合优化仿真分析

为观察不同风险转移比 α 下该投资组合优化策略的表现，设定债券投资组合动态风险为 $\beta = 0.6$ 分位点下的动态风险值（即在 40% 概率下可能出现的高风险状态），风险转移比由 0.5 变动至 0.9，投资组合目标收益率 $r_{\mathrm{Tar}} = 0.045$，得到最优投资组合收益率及投资组合中 CRMW 对债券的风险缓释效用 $\mathrm{DRMU}_{\mathrm{Por}}$ 随风险转移比的变化如图 4-21 所示。

图 4-21 显示：风险转移比处于 0.5-0.7 区间时，最优投资组合中 CRMW 对债券的风险缓释效用曲线（$\mathrm{DRMU}_{\mathrm{Por}}$ 曲线）与目标风险缓释效用曲线间有一定偏离，表明此时投资组合优化策略在保证目标收益率的前提下无法达到目标风险缓释效用，只能尽量靠近目标风险缓释效用。这是由于较小的风险转移比使得目标风险缓释效用过于保守，投资组合无法同时实现风险缓释效用目标和目标收益率，只能提高投资组合 $\mathrm{DRMU}_{\mathrm{Por}}$ 以提高投资组合收益率。

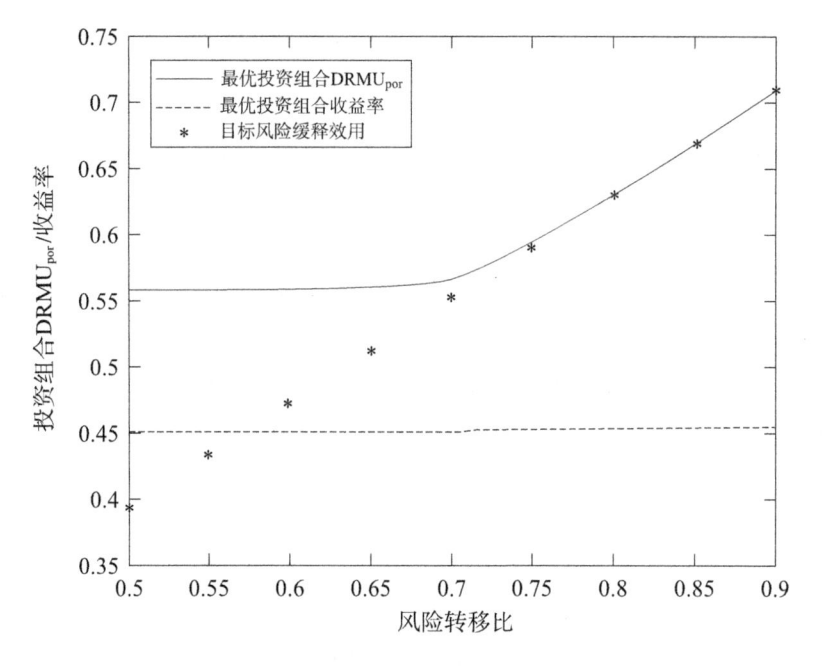

图 4-21　模型 Ⅲ 下最优投资组合随 α 变化规律

风险转移比处于 0.7–0.9 区间时，最优投资组合 $DRMU_{Por}$ 曲线与目标风险缓释效用曲线贴合得较好，表明该投资组合优化策略可以在保证目标收益率的前提下，使 $DRMU_{Por}$ 达到目标风险缓释效用。

综上所述，可以看出该投资组合优化策略在 β 分位点较大时，需要搭配较大的风险转移比 α 才能在实现目标收益率的同时达到目标风险缓释效用。

进一步给出不同风险转移比下各"债券 + CRMW"在最优投资组合中配比，如图 4-22 所示。

从图 4-22 可以看出，风险转移比处于 0.5–0.7 区间时，最优投资组合主要由收益率较高的 6 号"债券 + CRMW"和风险缓释效用较小的 4 号和 8 号"债券 + CRMW"组成，此时该优化策略在保证目标收益率的前提下，尽量降低投资组合 $DRMU_{Por}$，这是由于目标风险缓释效用明显低于投资组

合 $DRMU_{Por}$；风险转移比处于 0.7–0.9 区间时，最优投资组合中加入多种"债券 + CRMW"，其中风险缓释效用较大的 10 号"债券 + CRMW"配比明显提高，提高了投资组合 $DRMU_{Por}$。

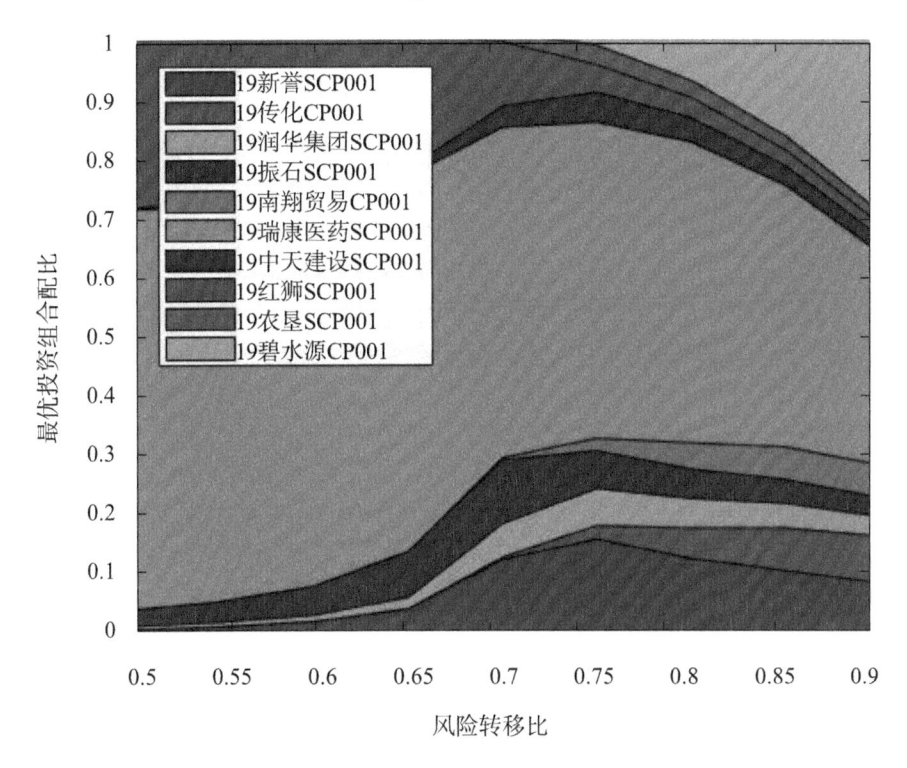

图 4-22　模型 Ⅲ 下最优投资组合配比随 α 变化规律

4.4.3　不同目标收益率的投资组合优化仿真分析

为观察不同目标收益率下该投资组合优化策略的表现，设定目标收益率 r_{Tar} 由 0.03 升高至 0.055，$\beta = 0.60$，风险转移比 $\alpha = 0.8$，得到最优投资组合收益率及最优投资组合中 CRMW 对债券的风险缓释效用 $DRMU_{Por}$ 随目标收益率变化的趋势图（图 4-23）。

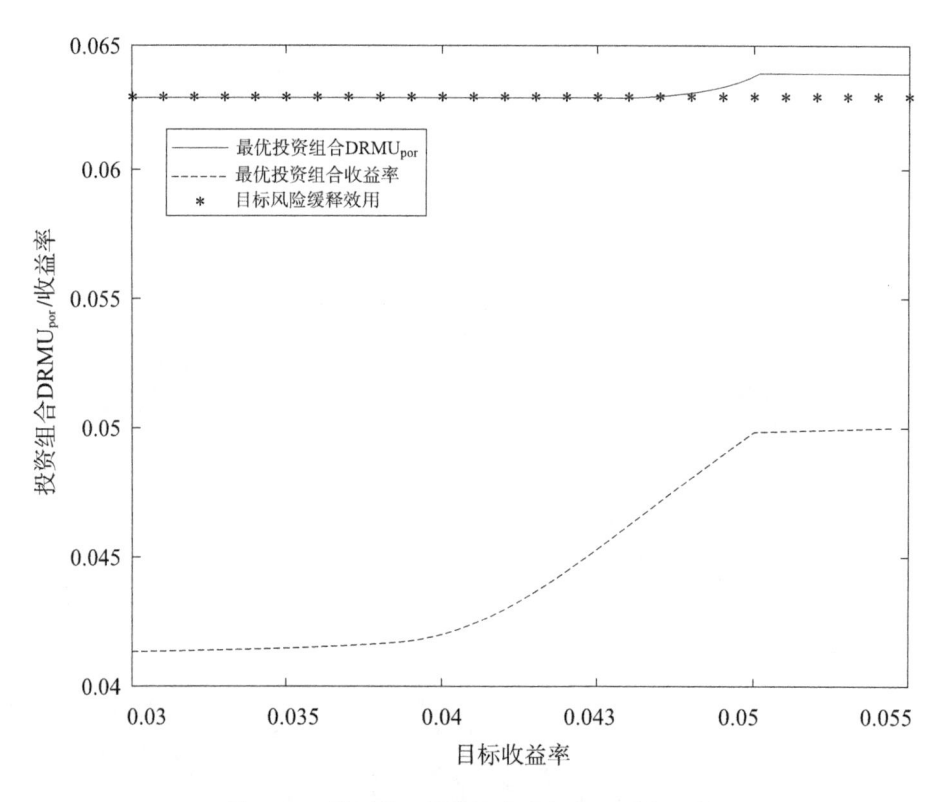

图 4-23 模型Ⅲ下最优投资组合随 r_{Tar} 变化规律

从图 4-23 中可以看出：在目标收益率由 0.03 升高至 0.048 的过程中，最优投资组合 $DRMU_{Por}$ 曲线与目标风险缓释效用曲线基本吻合，表明最优投资组合 $DRMU_{Por}$ 与目标风险缓释效用非常接近；在此过程中目标收益率曲线保持上升趋势，代表最优投资组合收益率随目标收益率的提高而提高，且所得最优投资组合收益率均大于相应的目标收益率。综合以上两点可以看出，此时优化策略很好地实现了预期目的。

在目标收益率由 0.048 升高至 0.05 的过程中，最优投资组合收益率曲线持续上升，表明最优投资组合收益率随目标收益率的增大而增大，且所得最优投资组合收益率仍略大于相应的目标收益率，但与此同时最优投资

第 4 章　　CRMW 风险缓释效用目标跟踪的债券投资组合优化策略研究

组合 DRMU$_{Por}$ 出现上升趋势，这是由于债券投资组合中收益率最高的 6 号"债券 + CRMW"配比越来越高（图 5-8），而 6 号"债券 + CRMW"中 CRMW 的风险缓释效用为 0.0639，大于此时的目标风险缓释效用 0.0630。

目标收益率由 0.05 升高至 0.055 的过程中，最优投资组合收益率恒等于 0.05，最优投资组合 DRMU$_{Por}$ 也不再变化，这是由于 0.05 已是投资组合所能达到的收益率上限，此时对应的最优投资组合会全部选择收益率最高的 6 号"债券 + CRMW"组合（即 19 瑞康医药 SCP001+19 青岛银行 CRMW001）。由此可见，当投资组合的目标收益率设置得过高时，投资组合将变为单一高收益债券，表明投资者此时选择了风险过高的投资组合。

总体来说，当目标收益率位于 0.03 至 0.048 的区间中时，最优投资组合 DRMU$_{Por}$ 可以达到目标风险缓释效用；当目标收益率由 0.048 升高至 0.05 的过程中，最优投资组合 DRMU$_{Por}$ 逐渐升高并偏离目标风险缓释效用；当目标收益率高于 0.05 时，最优投资组合 DRMU$_{Por}$ 始终高于目标风险缓释效用，投资组合潜在的风险过高。综合以上分析可以看出，目标收益率 $r_{Tar} \leqslant 0.048$ 较为合适。

下面给出不同目标收益率下各"债券 + CRMW"在最优投资组合中的配比，如图 4-24 所示。

图 4-24 中由下至上 10 个区域分别代表投资组合中 10 只"债券 + CRMW"在最优投资组合中的配比。图 4-24 显示：在目标收益率由 0.03 升高至 0.04 的过程中，各只"债券 + CRMW"在最优投资组合中的配比分布均匀且变化幅度较小，这是由于此时目标收益率较低，目标收益率对最优投资组合限制作用较小，最优投资组合主要致力于使 DRMU$_{Por}$ 尽可能地接近目标风险缓释效用。

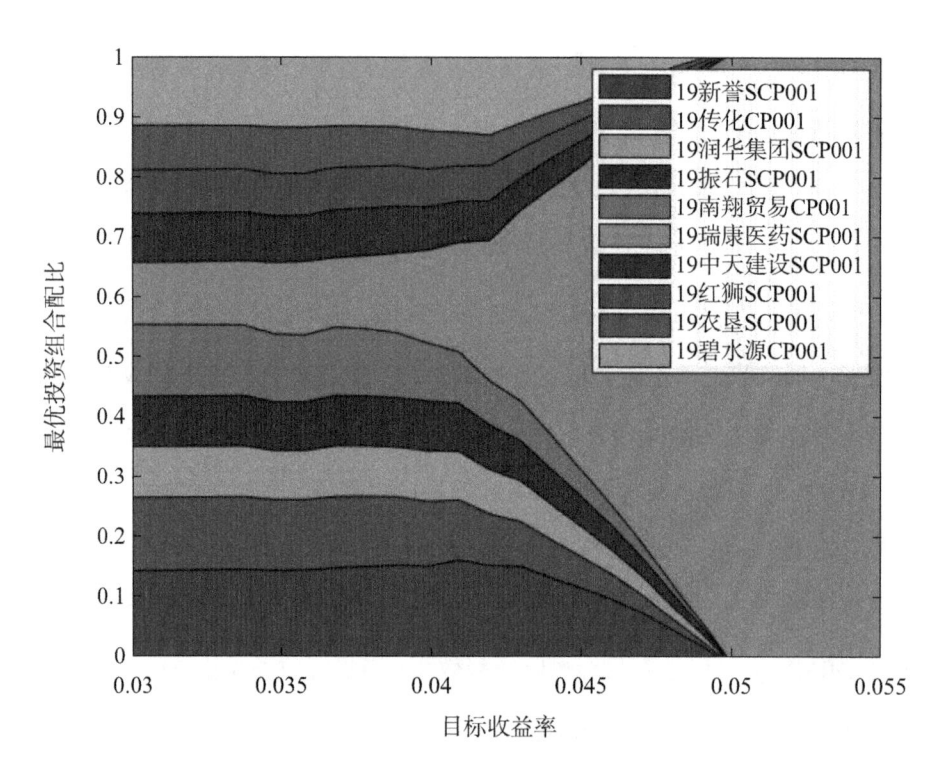

图 4-24 模型Ⅲ下最优投资组合配比随 r_{Tar} 变化规律

在目标收益率由 0.04 升高至 0.05 的过程中，6 号"债券 + CRMW"的配比区域增大，其他"债券 + CRMW"的配比区域逐渐减小，这表明为了满足不断提高的目标收益率，最优投资组合逐渐倾向于高收益债券，投资组合的配比趋向于单一化，投资组合潜在风险逐渐升高。

在目标收益率高于 0.05 时，图形中仅有 6 号"债券 + CRMW"的配比区域，代表投资组合会全部选择收益率最高的 6 号"债券 + CRMW"。

4.4.4 不同 β 分位点及风险转移比的投资组合优化仿真分析

1. 不同 β 分位点及风险转移比下的最优投资组合 DRMU_{Por} 变化规律

为观察不同 β 分位点及风险转移比 α 下该投资组合优化策略的表现，

第 4 章 CRMW 风险缓释效用目标跟踪的债券投资组合优化策略研究

设定 β 由 0 增加至 0.95，风险转移比由 0.5 增加至 0.9，投资组合目标收益率 $r_{\text{Tar}} = 0.045$，得到此时最优投资组合中 CRMW 对债券的风险缓释效用 DRMU_{Por} 变化图（图 4-25）。

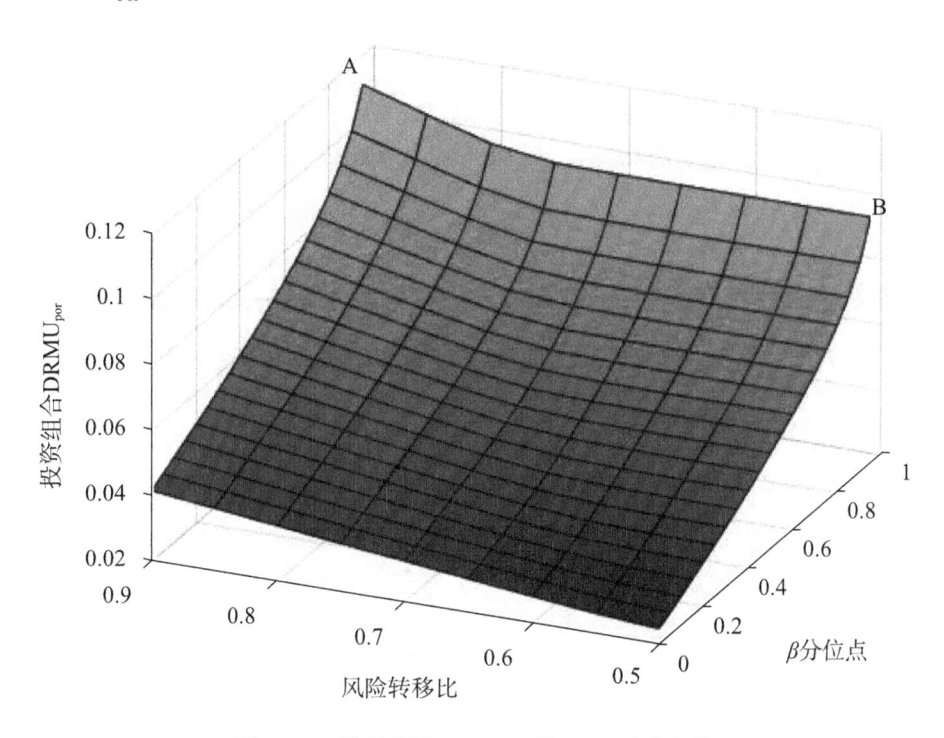

图 4-25　模型 III 下 DRMU_{Por} 随 β、α 变化规律

观察图 4-25 中最右上方的曲线 AB（$\beta = 0.95$ 对应的曲线），风险转移比处于 0.5-0.75 时该曲线基本平行于风险转移比坐标轴，表示最优投资组合 DRMU_{Por} 基本不随风险转移比的变化而变化，这是由于此时较小的风险转移比降低了目标风险缓释效用，投资组合优化策略在保证目标收益率的前提下无法达到目标风险缓释效用，只是在实现目标收益率的前提下尽量减少投资组合 DRMU_{Por}。

风险转移比处于 0.75-0.9 时，该曲线出现上扬趋势，表明投资组合优化策略可以在实现投资组合目标收益率的前提下，达到目标风险缓释效用，并且最优投资组合 $DRMU_{Por}$ 随风险转移比的增大而增大，这与图 5-5 中所呈现的规律是相同的。

实际上，从整个曲面来看，不同 β 分位点对应的曲线均体现出以下规律：风险转移比较小时，曲线平行于风险转移比坐标轴，且曲线对应 β 值越小，曲线平行于风险转移比坐标轴的长度越短（譬如，$\beta = 0.01$ 时，投资组合 $DRMU_{Por}$ 在 $\alpha \in [0.5, 0.9]$ 范围内皆随 α 的增大而增大）；风险转移比较大时，曲线随风险转移比提高而上扬。该规律表明 β 值越大，投资组合优化策略同时实现目标风险缓释效用及目标收益率所需的风险转移比越大。

2. 不同 β 分位点与风险转移比下最优投资组合收益率的变化规律

为观察不同 β 分位点及风险转移比 α 下该投资组合优化策略的表现，设定 β 由 0.01 增加至 0.95，总风险转移比 α 由 0.5 增加至 0.9，投资组合目标收益率 $r_{Tar} = 0.045$，得到此时最优投资组合收益率变化曲面如图 4-26 所示。

由图 4-26 可以看出，在 β 处于 0.01-0.85 区间时，随着风险转移比的增大，最优投资组合收益率呈现先升后降的趋势，这是由于随着风险转移比的提高，目标风险缓释效用增大，投资组合中 CRMW 对债券的风险缓释效用 $DRMU_{Por}$ 和目标风险缓释效用先接近再远离，使得投资组合 $DRMU_{Por}$ 贴近目标所需要牺牲的投资组合收益率先降后升；在 β 处于 0.85-0.95 区间时，随着风险转移比的增大，最优投资组合收益率一直增大，这是由于随着风险转移比的提高，目标风险缓释效用增大，投资组合

DRMU$_{Por}$ 一直在接近目标风险缓释效用，投资组合 DRMU$_{Por}$ 贴近目标所需要牺牲的投资组合收益率一直减小。

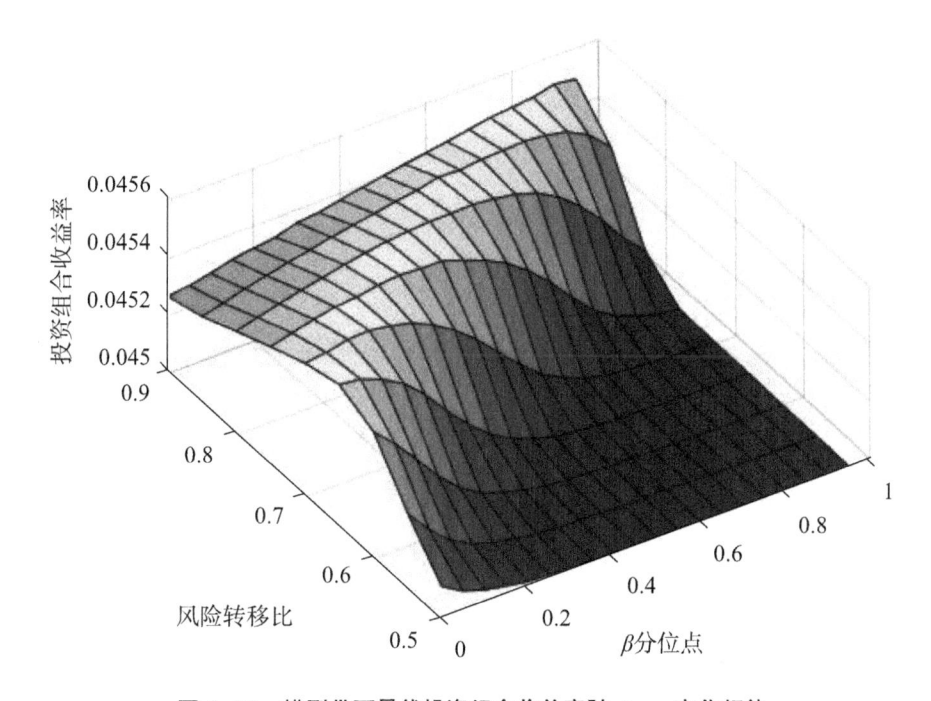

图 4-26　模型 III 下最优投资组合收益率随 β、α 变化规律

风险转移比处于 0.5-0.65 区间时，随着 β 分位点的提高，最优投资组合收益率下降，这是由于此时投资组合 DRMU$_{Por}$ 在增大的过程中一直在远离目标风险缓释效用，投资组合 DRMU$_{Por}$ 贴近目标所需要牺牲的投资组合收益率一直提高，投资组合优化只能在保证最低目标收益率的前提下尽量降低投资组合 DRMU$_{Por}$；风险转移比处于 0.65-0.9 区间时，随着 β 分位点提高，投资组合收益率先升后降，这是由于此时投资组合 DRMU$_{Por}$ 在增大的过程中与目标风险缓释效用先接近再远离。

从整个曲面来看，动态风险缓释目标可在较大的区域内提供高于目标收益率的投资组合收益（见曲面较高区域），可将其称为一个"峰值带"。综上所述可以看出，风险转移比 α 的选定非常关键，尤其是 β 分位点较大时，该投资组合优化策略对于风险转移比 α 的变化十分敏感，合适的风险转移比可以使最优投资组合在达到目标风险缓释效用的同时实现超额收益率，而不恰当的风险转移比则会使投资组合优化策略难以达到预期目标。

4.4.5 结　论

本节以不同风险出现的概率为切入点，借助于概率分位点理论定义动态风险并制定动态风险缓释目标，构建了基于动态风险缓释目标跟踪的投资组合优化模型。仿真结果表明，在合理的目标收益率、各 β 分位点及相应合适的风险转移比 α 下，该投资组合优化模型表现出良好的性能，即可以在保证目标收益率的前提下，达到预定的目标风险缓释效用，且 β 值越大，投资组合优化模型同时实现目标风险缓释效用及目标收益率所需的风险转移比越大。仿真分析中该投资组合优化模型还表现出了良好的抗风险性能，即情景中风险越高，最优投资组合的配比将越倾向于稳健、低风险方向。此外，风险转移比具有控制最优投资组合风险偏好的功能，即随着风险转移比的降低，不同 β 分位点下的投资组合都将趋向于更低风险的配比。

第 5 章　具有 CDS 保障的投资组合鲁棒优化研究

本节通过分析单只配有 CDS 的信用债的收益,给出具有 CDS 保障的信用债投资组合收益度量结构,并基于此构建鲁棒优化模型,以寻求"最坏情况"下投资组合的最优成分配比及相应的最大收益,使该投资组合具有抵御市场最大风险的稳健功效。

5.1 具有 CDS 保障的信用债投资组合收益度量

根据第 3.1 节假定,本节以投资者的角度展开讨论。当投资者不考虑利用 CDS 对信用债信用风险进行缓释时,其收益取决于信用债的利率以及违约状况两个因素;反之,若为信用债一一配置相应的 CDS 进行保障,投资者需要定期向第三方机构支付 CDS 权利金,此时其收益同时取决于信用债的利率、违约状况和 CDS 价差三个因素。本节依据信用债违约状况,分为以下三种情形对其收益进行分析。

5.1.1 信用债在整个生命周期内不发生违约

当信用债在整个生命周期内不发生违约,且投资者没有利用 CDS 对其进行保障时,根据第二节基本假定,投资者于期初付出成本购买信用债,到期日收取投资信用债的本金及最后一次利息,其收益现值为:

$$\pi_{\tau=0} = \sum_{k=1}^{N} B_j r_j \Delta t e^{-r_f t_k} \quad (5\text{--}1)$$

当信用债在整个生命周期内不发生违约,且投资者为其配置 CDS 进行保障时,投资者于期初付出成本购买信用债,并于 CDS 付息日(根据第二节基本假定,CDS 付息日和标的信用债的付息日一致)向第三方机构支付 CDS 权利金,期末收取投资信用债的本金及最后一次利息。此时投资者收益的现值为:

$$\pi_{\tau=0}^{\mathrm{CDS}} = \sum_{k=1}^{N} B_j \left(r_j - s_j \right) \Delta t \mathrm{e}^{-r_f t_k} \qquad (5\text{-}2)$$

5.1.2　信用债违约时刻 $\tau \in (t_0, t_1]$

当信用债在初始时刻 t_0 与第一个付息日 t_1 之间发生违约，若投资者没有利用 CDS 对信用债进行保障，会损失除可回收部分的剩余本金；若利用 CDS 为信用债提供保障，根据 CDS 交易规则，CDS 合约在第一个 CDS 权利金支付日生效，故当上述违约状况发生时，投资者不需要向第三方机构支付 CDS 权利金，第三方机构对于投资者的损失也不予赔付，但投资者可以收回部分损失的本金，所以当信用债违约发生在 t_0 到 t_1 之间时，无论投资者是否利用 CDS 为信用债提供保障，其收益均为：

$$\pi_{t_0 < \tau \leqslant t_1} = \pi_{t_0 < \tau \leqslant t_1}^{\mathrm{CDS}} = -B_j(1-R)\mathrm{e}^{-r_f t_1} \qquad (5\text{-}3)$$

5.1.3　信用债违约时刻 $\tau \in (t_{i-1}, t_i](i \geqslant 2)$

当信用债首次违约发生在第一个付息日之后，投资者若没有利用 CDS 对其进行保障，会损失部分无法回收的本金并收到发生违约前的利息：

$$\pi_{t_{i-1} < \tau \leqslant t_i} = \sum_{k=1}^{i-1} B_j r_j \Delta t \mathrm{e}^{-r_f t_k} - B_j(1-R)\mathrm{e}^{-r_f t_{k+1}} \qquad (5\text{-}4)$$

若利用 CDS 缓释信用债信用风险，在其违约发生之前的每一付息日，投资者均需向投资机构支付 CDS 权利金，且能够收到投资信用债返还利息；违约之后投资者能够按照回收率收回部分本金，其余损失本金均由第三方机构进行赔付，故当违约发生在 t_{i-1} 与 $t_i(i \geqslant 2)$ 之间时，投资者收益为：

$$\pi_{t_{i-1} < \tau \leqslant t_i}^{\mathrm{CDS}} = \sum_{k=1}^{i-1} B_j \left(r_j - s_j \right) \Delta t \mathrm{e}^{-r_f t_k} \qquad (5\text{-}5)$$

由式（3-2）、（3-3）计算得到以上三种违约情形发生的概率，结果见

表 5-1。

表 5-1 不同违约情形发生概率及其收益

违约发生时刻	概　率	不具有 CDS 保障的 单只信用债随机收益	具有 CDS 保障的单 只信用债随机收益
不发生违约	$e^{-\lambda_{t_N,j}t_N}$	$\sum_{k=1}^{N} B_j r_j \Delta t e^{-r_f t_k}$	$\sum_{k=1}^{N} B_j \left(r_j - s_j\right) \Delta t e^{-r_f t_k}$
$t_0 < \tau \leq t_1$	$1 - e^{-\lambda_{t_1,j}t_1}$	$-B_j(1-R)e^{-r_f t_1}$	$-B_j(1-R)e^{-r_f t_1}$
$t_{i-1} < \tau \leq t_i$	$e^{-\lambda_{t_{i-1},j}t_{i-1}} - e^{-\lambda_{t_i,j}t_i}$	$\sum_{k=1}^{i-1} B_j r_j \Delta t e^{-r_f t_k} - B_j(1-R)e^{-r_f t_{k+1}}$	$\sum_{k=1}^{i-1} B_j \left(r_j - s_j\right) \Delta t e^{-r_f t_k}$

由于第三节令信用债违约强度服从双因子 CIR 动态随机过程，故由表 5-1 可得不具有 CDS 保障的第 j 只信用债的随机收益为：

$$\widetilde{\Pi}_j = e^{-\lambda_{t_N,j}t_N} \sum_{k=1}^{i-1} B_j r_j \Delta t e^{-r_f t_k} + \left(1 - e^{-\lambda_{t_1,j}t_1}\right)\left(-B_j(1-R)e^{-r_f t_1}\right)$$

$$+ \sum_{i=2}^{N} \left[\left(e^{-\lambda_{t_{i-1},j}t_{i-1}} - e^{-\lambda_{t_i,j}t_i} \right)\left(\sum_{k=1}^{i-1} B_j r_j \Delta t e^{-r_f t_k} - B_j(1-R)e^{-r_f t_{k+1}} \right) \right] \quad （5-6）$$

具有 CDS 保障的第 j 只信用债的随机收益为：

$$\widetilde{\Pi}_j^{CDS} = e^{-\lambda_{t_N,j}t_N} \sum_{k=1}^{N} B_j \left(r_j - s_j\right) \Delta t e^{-r_f t_k} + \left(1 - e^{-\lambda_{t_1,j}t_1}\right)\left(-B_j(1-R)e^{-r_f t_1}\right)$$

$$+ \sum_{i=2}^{N} \left[\left(e^{-\lambda_{t_{i-1},j}t_{i-1}} - e^{-\lambda_{t_i,j}t_i} \right) \sum_{k=1}^{i-1} B_j \left(r_j - s_j\right) \Delta t e^{-r_f t_k} \right] \quad （5-7）$$

记 $\widetilde{\Pi}^{CDS} = \left\{ \widetilde{\Pi}_1^{CDS}, \widetilde{\Pi}_2^{CDS}, \ldots, \widetilde{\Pi}_n^{CDS} \right\}$ 为具有 CDS 保障的信用债随机收益向量，根据式（5-7），其元素 $\widetilde{\Pi}_j^{CDS}$ 表示具有 CDS 保障的第 j 只信用债的随机收益。将 $\widetilde{\Pi}^{CDS}$ 简记为如下形式：

$$\widetilde{\Pi}^{CDS} = \mu + \widetilde{\epsilon} \quad （5-8）$$

其中，$\mu = E\left[\widetilde{\Pi}^{\text{CDS}}\right]$ 表示收益期望值向量，$\widetilde{\epsilon} = \widetilde{\Pi}^{\text{CDS}} - E\left[\widetilde{\Pi}^{\text{CDS}}\right]$ 表示围绕收益期望值波动的向量。

记具有 CDS 保障的信用债投资组合权重向量为 $w = \{w_1, w_2, \ldots, w_j\}$，其中元素 w_j 表示第 j 只信用债在投资组合中所分配的权重，且 $\sum_{j=1}^{n} w_j = 1$。则具有 CDS 保障的信用债投资组合的收益为：

$$\widetilde{\Pi}_{\text{portfolio}}^{\text{CDS}} = w^T \widetilde{\Pi}^{\text{CDS}} \tag{5-9}$$

由式（5-8）可得具有 CDS 保障的信用债投资组合的期望收益为：

$$E\left[\widetilde{\Pi}_{\text{portfolio}}^{\text{CDS}}\right] = E\left[w^T \widetilde{\Pi}^{\text{CDS}}\right] = E\left[w^T \mu + w^T \widetilde{\epsilon}\right] = w^T \mu \tag{5-10}$$

具有 CDS 保障的信用债投资组合的风险用其方差度量，即：

$$\text{Var}\left[\widetilde{\Pi}_{\text{portfolio}}^{\text{CDS}}\right] = E\left[\left(\widetilde{\Pi}^{\text{CDST}} w - E\left(\left[\widetilde{\Pi}^{\text{CDST}} w\right]\right)\right)^2\right]$$

$$= E\left[w^T \left(\widetilde{\Pi}^{\text{CDS}} - \mu\right)\left(\widetilde{\Pi}^{\text{CDS}} - \mu\right)^T w\right] = w^T \Gamma w \tag{5-11}$$

其中，Γ 为具有 CDS 保障的信用债收益协方差矩阵且严格正定。

5.2 鲁棒优化模型构建

前文以投资者的角度分析具有 CDS 保障的信用债投资组合收益，并得到其度量结构（见式 3-24），本节基于此构建鲁棒优化模型。

投资者购买信用债投资组合的目的是在分散风险的同时实现投资收益的最大化，即：

$$\max_{w}\left\{w^T \widetilde{\Pi}^{\text{CDS}}\right\} \tag{5-12}$$

$$s.t. w^T 1 = 1$$

$$w_j \geq 0, j = 1, 2, 3, \ldots, n$$

由于信用债收益 $\widetilde{\Pi}_j^{CDS}$ 具有不确定性，所以通过式（5-12）无法为投资者提供客观的决策建议。鲁棒优化策略利用不确定集描述上述信用债收益 $\widetilde{\Pi}_j^{CDS}$ 的不确定性，在此基础上最大化"最坏情况"下的投资组合收益。此策略保证投资者在"最坏情况"下，仍然能够得到较为可观的投资组合收益，为投资者提供一种更为稳健的投资决策方式。

记信用债收益 $\widetilde{\Pi}^{CDS}$ 属于不确定集 $\Theta_{\Pi^{CDS}}$：

$$\Theta_{\Pi^{CDS}} = \left\{ \Pi^{CDS} : \left(\Pi^{CDS} - \mu \right)^T \Sigma^{-1} \left(\Pi^{CDS} - \mu \right) \leq \delta^2 \right\} \quad （5-13）$$

其中，δ 是投资者对风险的厌恶程度，且根据 Ghaoui et al. 可得 $\delta = \sqrt{\dfrac{p}{1-p}}$，$p \in [0,1)$，$p$ 为不确定性参数。投资者通过选择不确定性参数 p 控制不确定集 $\Theta_{\Pi^{CDS}}$ 的大小：当 $p \to 0$ 时，不确定集收缩至最小，将信用债收益限定在其期望值水平，信用债收益波动较小，投资者所面临的投资风险较小；当 $p \to 1$ 时，不确定集逐渐扩大，信用债收益波动变大，投资者所面临的投资风险较大。

在不确定集 $\Theta_{\Pi^{CDS}}$ 的基础上，构建具有 CDS 保障的信用债投资组合鲁棒优化模型如下：

$$\max_{w} \left(\min_{\Pi^{CDS} \in \Theta_{\Pi^{CDS}}} w^T \Pi^{CDS} \right) \quad （5-14）$$

$$s.t. \ w^T 1 = 1$$

第 5 章　具有 CDS 保障的投资组合鲁棒优化研究

$$w_j \geq 0, j=1,2,3,\ldots,n$$

模型的目标是在不确定集 Θ_μ^{CDS} 的基础上，寻求"最坏情况"下使得投资组合收益最大的最优投资组合权重 w 分配，即求得信用债稳健最优投资组合的成分配比和稳健最优收益，使得该最优投资组合实现其抵御市场最大风险的稳健功能。

解决鲁棒优化问题的核心思想是将其以一定的近似程度转化为一个凸规划问题，故根据 Lobo et al.，将式（5-14）改写为如下形式：

$$\max_w \left\{ w^T \mu - \delta \| \Gamma^{\frac{1}{2}} w \|_2 \right\} \quad (5\text{-}15)$$

$$s.t. \ w^T 1 = 1$$

$$w_j \geq 0, j=1,2,3,\ldots,n$$

式（5-15）为凸规划问题，其可行域为凸集，因而其局部最优解即全局最优解，且该凸规划的目标函数为凸函数，则最优解即为该鲁棒优化模型的唯一解。

5.3　仿真分析

上一节描述了投资者在利用 CDS 缓释信用风险的基础上，对信用债投资组合进行鲁棒优化决策，并得到其"最坏情况"下最优投资组合成分配比及最优收益，即信用债稳健最优投资组合的成分配比及稳健最优收益。由于国内以信用债为参考资产的 CDS 产品数量较少，数据样本量也较少，对其进行研究不具有普适性，故借助仿真分析进行深入研究，以期探究如下问题：第一，具有 CDS 保障的信用债稳健最优投资组合及其相应收益情形如何；第二，模型中的关键参数怎样影响稳健最优收益；第三，投资者何时选择利用 CDS 对信用债信用风险进行缓释；第四，鲁棒优化策略及经典的 Markowitz 均值－方差策略有何异同。

5.3.1 参数估计

本节利用卡尔曼滤波参数估计方法，基于各信用评级的信用债即期收益率数据对违约强度的参数进行估计，进一步使用各信用债收益率数据实现对其违约强度双因子初始值的估计。

根据标普信用评级划分标准，将债券的信用评级分为 AAA（AAA+，AAA，AAA-）、AA（AA+，AA，AA-）、A、BBB、BB、B、CCC、CC、C，其中，投资级评级细分为 AAA+、AAA、AAA-、AA+、AA、AA-、A、BBB 八个等级。据统计，投资级及以上信用评级配置 CDS 约为 65%，由于本文考虑利用 CDS 转移转移信用债信用风险，故选取投资级信用债进行数值分析。Wind 数据库显示，截至目前为止，AAA+ 评级信用债暂无数据，AAA- 评级信用债发行年限较为久远，数据无法完整获取，所以本文利用 2018 年 8 月 1 日至 2019 年 8 月 1 日期间即期收益率数据（数据来源：Wind 数据库）估计 AAA、AA+、AA、AA-、A、BBB 六个信用评级违约强度的未知参数，结果见表 5-2。

表 5-2 显示，随着信用评级的降低，信用债违约强度特殊因子长期均值 θ_j^I 和波动率 σ_j^I 逐级增大，这一结果与现实表现一致：信用债信用评级越低，投资者认为其发生违约的可能性和不确定性更高，投资风险更大，反映在违约强度的参数中即为 θ_j^I 和 σ_j^I 的变大。

表 5-2 各信用评级信用债违约强度参数估计值

特殊因子参数	信用债信用评级	k_l^I	θ_l^I	σ_l^I	ρ_l
	AAA	0.2261	0.0025	0.2475	0.5880
	AA+	0.3226	0.0044	0.2989	0.5466
	AA	0.3995	0.0098	0.3984	0.4848
	AA-	0.2407	0.0112	0.4476	0.4799
	A	0.0929	0.0166	0.5475	0.2390
	BBB	0.2308	0.0281	0.6681	0.2470
共性因子参数	F0BE	k^C	θ^C	σ^C	F0BE
	F0BE	0.6409	0.0006	0.0859	F0BE

同一信用评级信用债的违约强度参数除特殊因子初始值 $\lambda_{l,j}^I$ 不同，其余均一致。故在通过双因子 CIR 模型生成违约强度的过程中，需要利用卡尔曼滤波方法对标的信用债违约强度特殊因子的初始值 $\lambda_{l,j}^I$ 和违约强度共性因子的初始值 λ_l^I 进行计算。从各信用评级中选取三年期信用债，对双因子 CIR 模型特殊因子和共性因子的初始值进行估计，由于 A 级和 BBB 级发行信用债数量较少，故分别在这两个级别选取一只信用债，其余级别选取两只信用债。AAA 级选取 16 龙垦 02 和 16 渝投 02，AA+ 级选取 16 合生 01 和 16 新发 01，AA 级选取 16 海安 01 和 15 禹地产，AA- 级选取 15 宏河矿和 15 彭统建，A 级选取 12 安吉修，BBB 级选取 15 新航发。利用 10 只信用债从发行日开始前十天的数据对其相应的双因子 CIR 模型特殊因子和共性因子的初始值进行估计，结果见表 5-3。

表 5-3 各信用债违约强度双因子初始值估计值

信用评级	债券代码	信用债名称	特殊因子初始值	共性因子初始值
AAA	135235.SH	16 龙垦 02	0.0094	0.0064
AAA	135095.SH	16 渝投 02	0.0138	0.0064
AA+	135585.SH	16 合生 01	0.0242	0.0064
AA+	135583.SH	16 新发 01	0.0293	0.0064
AA	135499.SH	16 海安 01	0.0449	0.0064
AA	125779.SH	15 禹地产	0.0539	0.0064
AA-	125768.SH	15 宏河矿	0.0429	0.0064
AA-	125852.SH	15 彭统建	0.0466	0.0064
A	125084.SH	12 安吉修	0.0428	0.0064
BBB	125826.SH	15 新航发	0.0542	0.0064

5.3.2 CDS 价差测算结果分析

本文考虑利用 CDS 对信用债进行风险缓释，分别为表 5-3 所示信用债配置相应的 CDS，并根据式（3-37）测算各信用债 CDS 价差。按照惯例设定回收率为 0.4，将国债即期收益率作为无风险利率，测算结果见表 5-4。

表 5-4 各信用债 CDS 价差

信用评级	债券代码	信用债名称	CDS 价差（bp）
AAA	135235.SH	16 龙垦 02	77.7064
AAA	135095.SH	16 渝投 02	103.3951
AA+	135585.SH	16 合生 01	129.3363
AA+	135583.SH	16 新发 01	150.6987
AA	135499.SH	16 海安 01	179.7756
AA	125779.SH	15 禹地产	208.1618
AA-	125768.SH	15 宏河矿	298.5609
AA-	125852.SH	15 彭统建	320.6021
A	125084.SH	12 安吉修	355.9006
BBB	125826.SH	15 新航发	420.6979

表 5-4 显示，各信用债的 CDS 价差随其信用评级降低而递增。投资者购买信用债并为其对应配置 CDS，以期将信用风险转移到第三方机构。信用债的信用评级较低，意味着其信用风险较大，第三方机构发生或有赔付的可能性较高。考虑到自己的赔付成本，作为信用债市场理性参与者，第三方机构会在 CDS 交易期初要求投资者提高每期固定支付的 CDS 权利金，故 CDS 价差随着信用评级降低而逐级增大。

5.3.3 具有 CDS 保障的信用债投资组合鲁棒优化策略

基于以上仿真计算结果，在 10 只信用债违约过程的不同情景下计算信用债违约概率，进一步依据式（5-7）得到具有 CDS 保障的单只信用债随机收益，如图 5-1 所示。

本文采用 Monte Carlo 方法模拟信用债违约强度存在的多种情景以表示信用债违约过程的不同情景，运用第三节得到的双因子 CIR 模型生成 100 次违约强度。

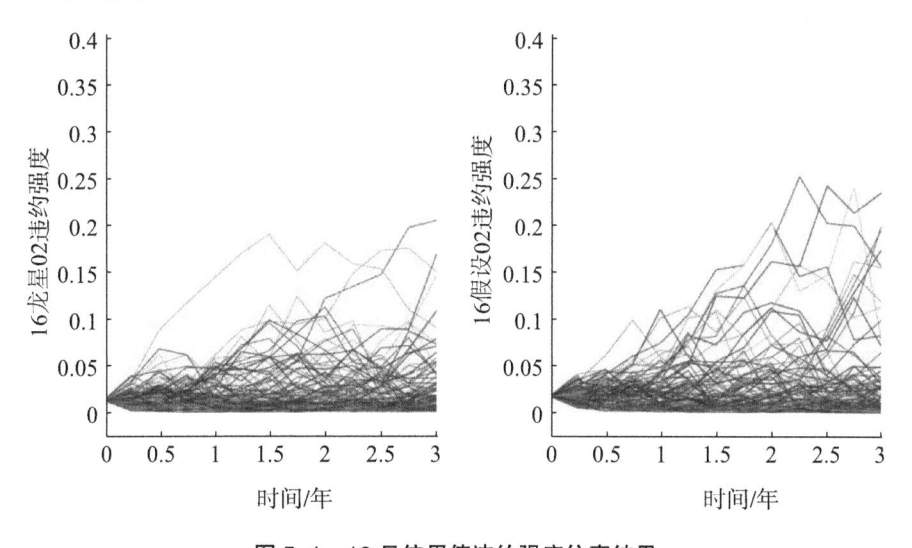

图 5-1　10 只信用债违约强度仿真结果

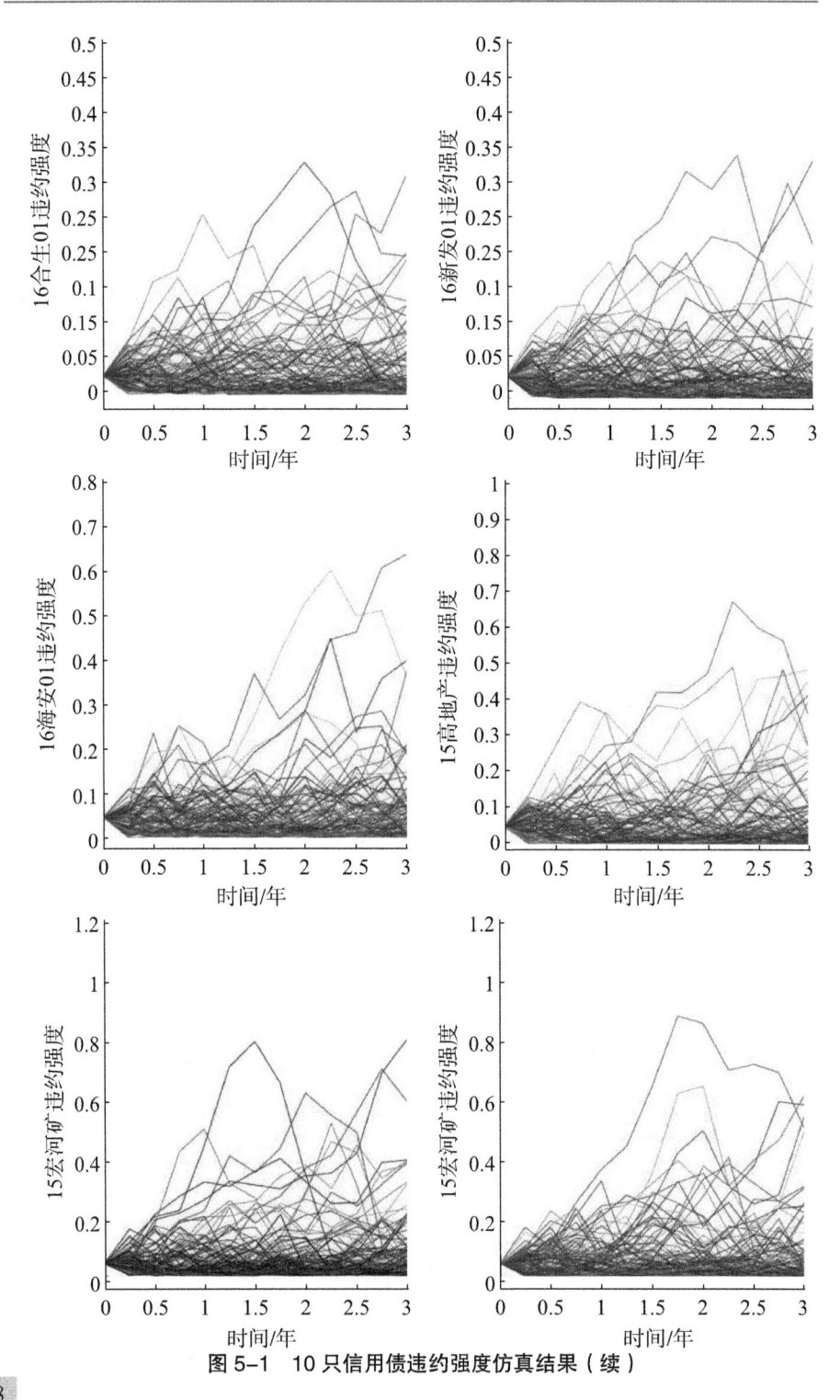

图 5-1 10 只信用债违约强度仿真结果（续）

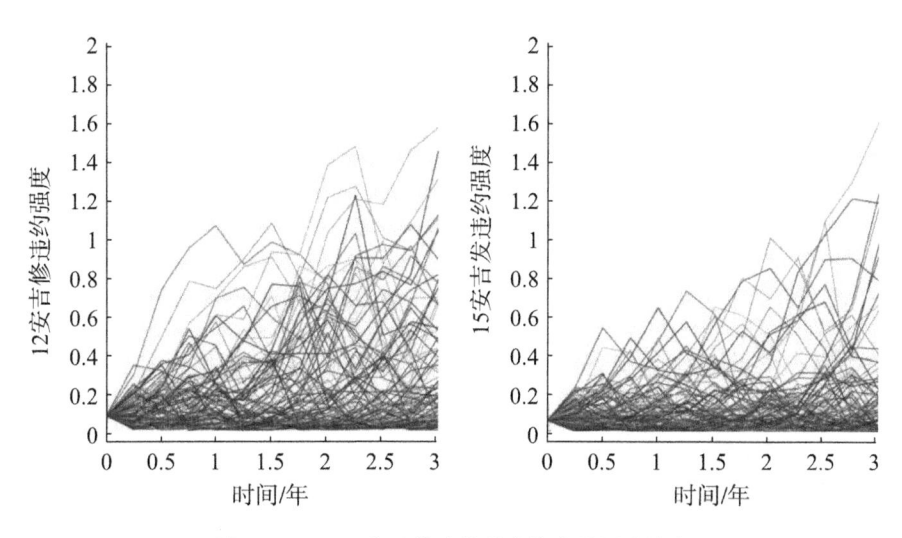

图 5-1 10 只信用债违约强度仿真结果（续）

利用以上债券违约强度仿真计算结果，依据式（5-7）得到各信用债随机收益的期望及方差见表 5-5。

表 5-5 各信用债期望收益及方差（风险）

信用债等级	信用债名称	期望收益	方差（风险）
AAA	16 龙垦 02	0.0869	6.60E-06
	16 渝投 02	0.0922	1.06E-05
AA+	16 合生 01	0.0940	2.61E-05
	16 新发 01	0.0973	2.85E-05
AA	16 海安 01	0.1037	7.37E-05
	15 禹地产	0.1093	0.000135
AA-	15 宏河矿	0.1258	0.000206
	15 彭统建	0.1342	0.000218
A	12 安吉修	0.1343	0.000467
BBB	15 新航发	0.1374	0.000562

进一步，依据式（5-15）寻求信用债稳健最优投资组合及稳健最优收益。式（5-15）包含不确定性参数 p，且不确定性参数 p 的变化使不确定集 $\Theta_{\Pi^{CDS}}$ 发生变化，对于不同的不确定集 $\Theta_{\Pi^{CDS}}$，其"最坏情况"下的最优

投资组合成分配比及最优收益不同，即信用债稳健最优投资组合成分配比及稳健最优收益随之改变。

1. 基于不同"最坏情况"的稳健最优投资组合成分配比策略

由式（5-15）可知，不确定性参数 $p \in [0,1]$，且不确定集 $\Theta_{\Pi^{CDS}}$ 随着不确定性参数 p 的增大而扩大。在不确定集 $\Theta_{\Pi^{CDS}}$ 扩大过程中，投资组合"最坏情况"的严重程度不断加大，信用债稳健最优投资组合成分配比变化如图 5-2 所示。

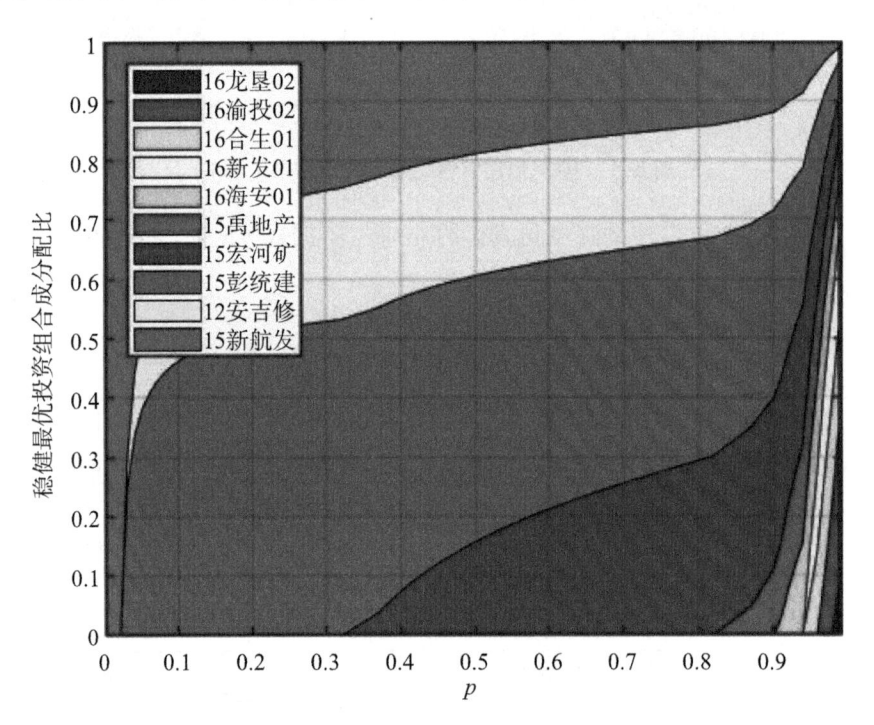

图 5-2　不同参数 p 下的信用债稳健最优投资组合成分配比

由图 5-2 可知，随着不确定集 $\Theta_{\Pi^{CDS}}$ 的扩大，"最坏情况"下的最优投资组合成分配比逐渐分散，由仅对信用债 15 新航发进行配置转变为对 10 只信用债均有不同配比。其原因如下：

当 $p \to 0$ 时，由式（5-2）可知，不确定集 $\Theta_{\Pi^{CDS}}$ 对于信用债随机收益

的约束较为严格，表明投资组合"最坏情况"严重程度很低，此时10只信用债收益均趋于各自期望值水平且收益波动微小，从而投资者购买具有CDS保障的信用债投资组合所面临的投资风险也较小，几乎可以忽略对于投资风险的考量，因此选取收益期望值最大的信用债进行大规模配置，以期得到更高的收益。在当前讨论的信用债投资组合中，根据表5-5数值计算结果可知，信用评级为BBB的"15新航发"收益期望值最大，故如图5-2所示，当$p \to 0$时，"15新航发"占投资组合权重最大。

随着p的增加，不确定集$\Theta_{\Pi^{CDS}}$逐渐扩大，各信用债收益波动变大，投资者购买信用债投资组合所面临的投资风险增加，投资组合"最坏情况"严重程度也随之增大。作为一个理性的市场参与者，投资者会逐渐增加配置信用评级较高、风险较低的信用债数量，减少配置信用评级较低、风险较高的信用债数量，以达到分散风险的目的。在图5-2中表现为"12安吉修、15彭统建、15宏河矿"等信用债的配置权重依次逐渐增加。

当$p \to 1$时，由式（5-2）得到，不确定集$\Theta_{\Pi^{CDS}}$趋于无限大，投资组合"最坏情况"严重程度达到最大，各信用债收益波动剧烈，投资者购买信用债投资组合所面临的投资风险达到较高水平。此时投资者一方面要尽可能地保证收益最大化，另一方面尽量增加其他信用评级较高、风险较低的信用债配置数量，减少信用评级较低、风险较高的信用债配置数量，以使信用债投资组合更加稳健。正如图5-2所示，当p无限接近于1时，10只信用债均在稳健最优投资组合中均占有权重配比。

2. 基于不同"最坏情况"的稳健最优收益

式（5-15）表明，不确定集$\Theta_{\Pi^{CDS}}$随着不确定性参数p的增大而扩大，在不确定集$\Theta_{\Pi^{CDS}}$扩大过程中，投资组合"最坏情况"的严重程度不断加大，其信用债最优收益变化趋势如图5-3所示。

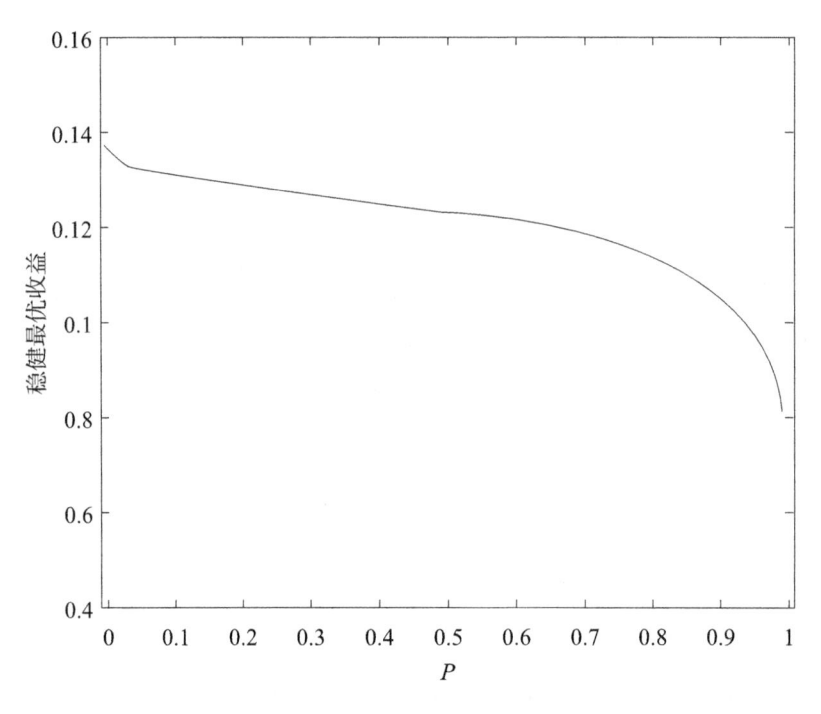

图 5-3　不同参数 p 下的稳健最优收益

图 5-3 表明，当不确定集 $\Theta_{\Pi^{CDS}}$ 扩大时，信用债投资组合稳健最优收益呈递减趋势。这是因为不确定集 $\Theta_{\Pi^{CDS}}$ 的扩大使得投资者所面临的投资风险增大，作为理性的市场参与者，投资者在进行投资组合决策时，结合图 5-2 所示，会逐渐增加信用评级较高、风险较低、收益较低的信用债的配置数量，减少信用评级较低、风险较高、收益较高的信用债的配置数量，以期分散风险。在分散风险的同时，由于增加了高信用评级、低收益信用债的配置数量，减小了低信用评级、高收益信用债的配置数量，故投资者所获得的信用债投资组合稳健最优收益也逐渐减小。

3. 参数敏感性分析

本节通过固定参数 p 给定不确定集 $\Theta_{\Pi^{CDS}}$，进而从市场角度出发，探讨市场总体信用状况变化对投资者稳健最优收益的影响。

违约强度共性因子 λ_t^c 能够反映市场总体信用状况，由式（3-5）可知 λ_t^c 取决于其均值回复速度 k^c、长期均值 θ^c 和波动率 σ^c，故本节通过单因素敏感性分析和双因素敏感性分析，探讨 θ^c、k^c 和 σ^c 三个参数对信用债投资组合稳健最优收益的影响趋势及程度。

为考察市场总体信用状况变化对信用债投资组合稳健最优收益的影响趋势，在不确定性参数 p 等于 0.4 的情形下，分别对违约强度共性因子均值回复速度 k^c、长期均值 θ^c 和波动率 σ^c 进行单因素敏感性分析。

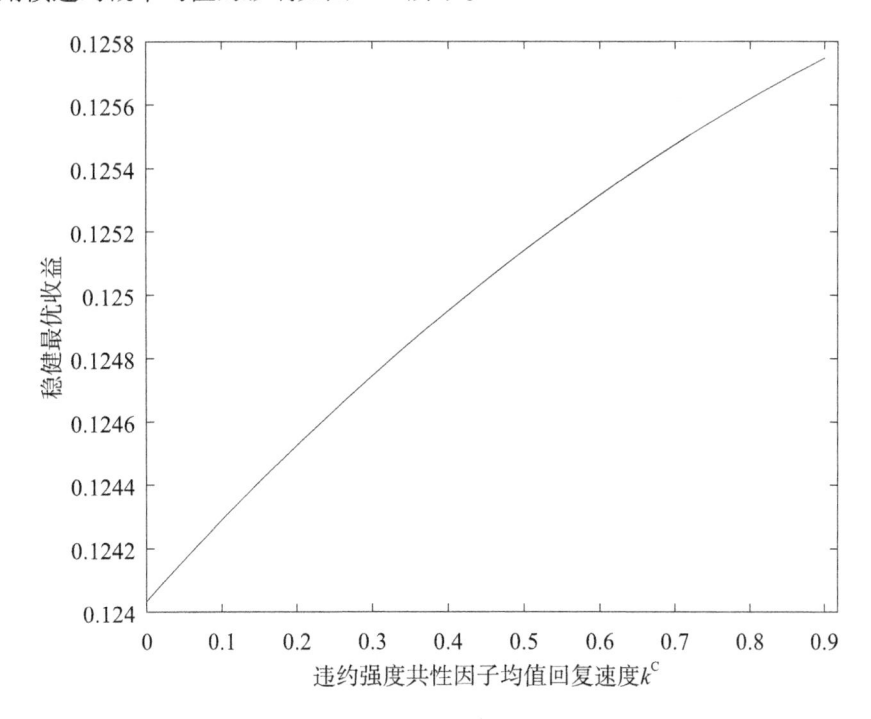

（1）k^c 对信用债投资组合稳健最优收益的影响

在其余参数不发生变化的情况下，违约强度共性因子均值回复速度 k^c 变化时，信用债投资组合稳健最优收益的变化趋势如图 5-4 所示，单只信用债违约概率均值的影响如图 5-5 所示。

图 5-4　k^c 对信用债投资组合稳健最优收益的影响

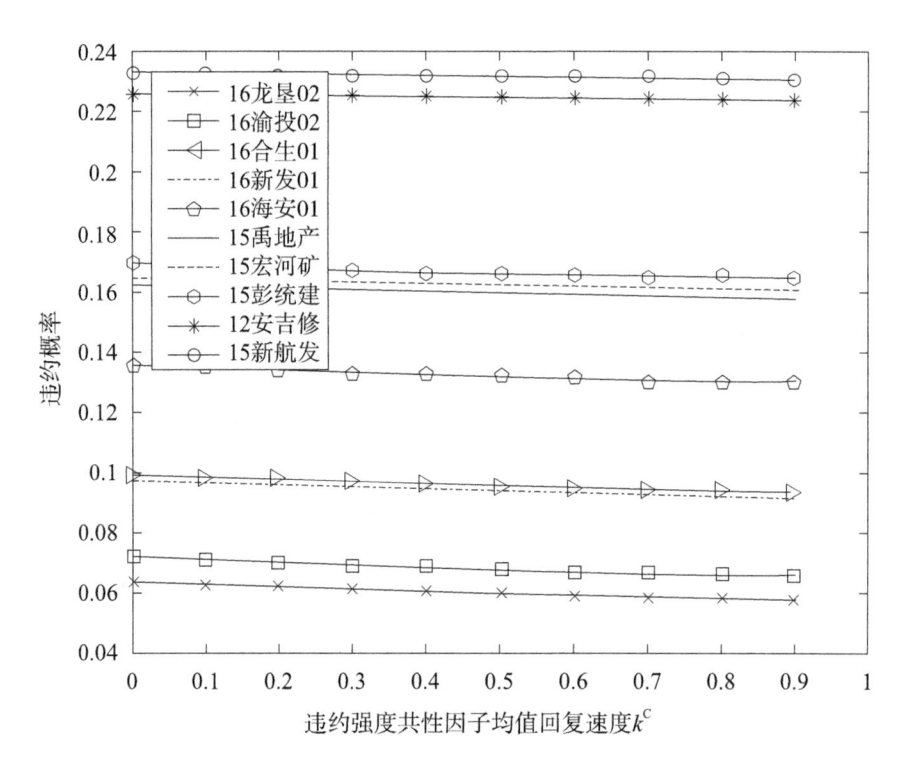

图 5-5 k^c 对单只信用债违约概率均值的影响

图 5-4 显示，信用债投资组合稳健最优收益随着违约强度共性因子均值回复速度 k^c 的增加而增加。其原因如下：由第三节可知，违约强度共性因子的长期波动率为 $(\sigma^c)^2 \theta^c / (2k^c)$，在 σ^c 与 θ^c 不变的条件下，随着 k^c 的增大，信用债违约强度共性因子长期波动变小，违约强度的长期波动随之变小，进而违约概率波动减小；进一步由图 5-4 可以看出，k^c 增加，单只信用债违约概率均值均呈缓慢降低趋势。违约概率波动减小及其均值的降低趋势，表明市场总体信用状况逐渐转好。各信用债违约概率均值随着 k^c 增加而降低的趋势，反映出随着 k^c 增加，违约概率整体减小。根据式（5-7）可知，违约概率整体减小使得信用债随机收益增加，进而其期望收益增大；第三节

提到信用债违约强度的随机性直接导致其收益具有随机性，故违约强度波动变小，信用债随机收益的波动减小。由式（5-14）可知，信用债收益期望值增加且其随机收益波动减小，使得信用债投资组合稳健最优收益增大。

以上分析结果说明在市场总体信用状况逐渐转好时，信用债投资组合稳健最优收益逐渐增大。

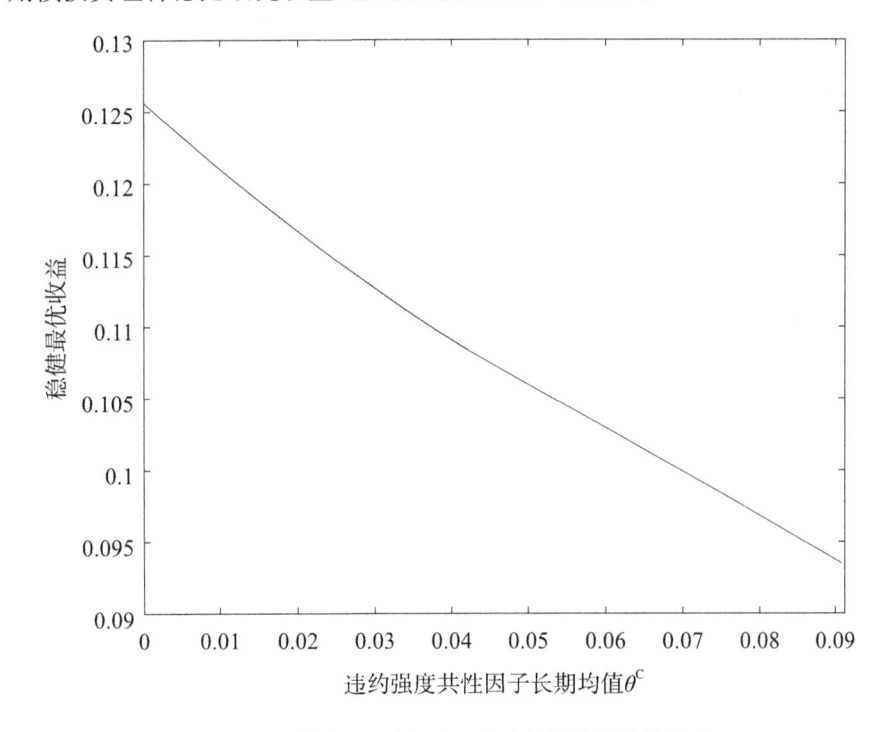

（2）θ^C 对信用债投资组合稳健最优收益的影响

在其他参数固定的前提下，变化违约强度共性因子长期均值为 θ^C，信用债投资组合稳健最优收益的变化趋势如图 5-6 所示。

图 5-6 θ^C 对信用债投资组合稳健最优收益的影响

如图 5-6 所示，当违约强度共性因子长期均值 θ^C 增加时，信用债投资组合稳健最优收益呈显著递减趋势。其原因如下：违约强度共性因子长期均值 θ^C 的增加使得信用债违约强度变大，进而其违约概率增加；与此同时，当其他参数不变时，θ^C 的增大使得违约强度共性因子的长期波动率 $\left(\sigma^C\right)^2 \theta^C / \left(2k^C\right)$ 变大，其违约强度波动随之变大，违约概率波动也增大。违约概率的增加及其波动的增大，意味着市场总体信用状况变差。市场总体信用状况变差时，投资者所面临的投资风险上升，为了分散风险，投资者会放弃一部分收益以得到更为稳健的投资决策结果，且投资者所面临的投资风险越大，其放弃的收益越多，即投资者所获得的信用债投资组合稳健最优收益减小。

（3）σ^C 对信用债投资组合稳健最优收益的影响

其余参数保持不变，考察违约强度共性因子波动率 σ^C 的变化对稳健最优收益的影响，结果如图 5-7 所示。

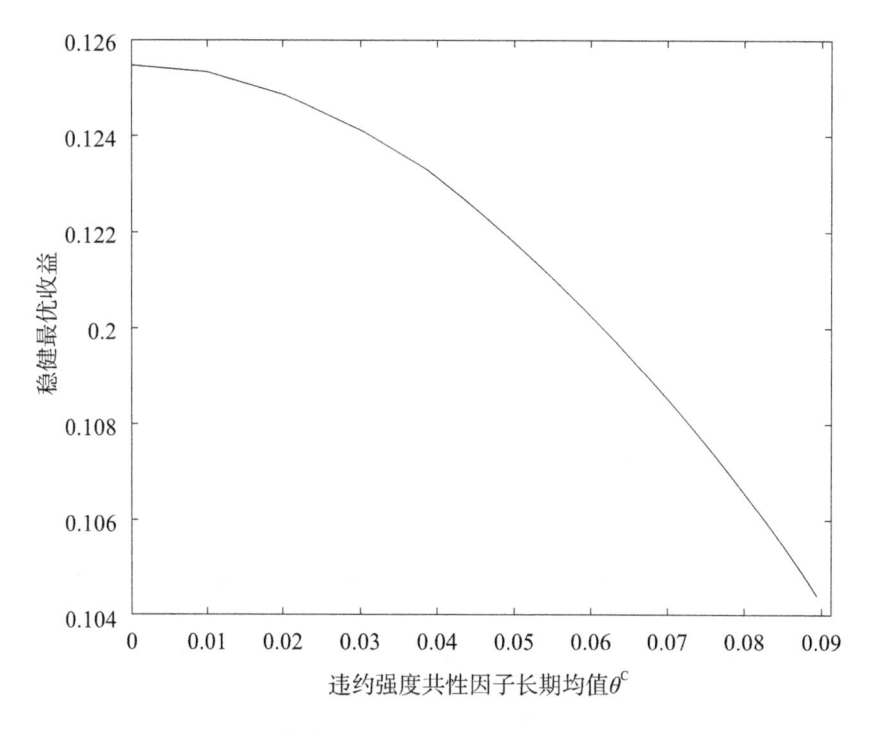

图 5-7 σ^C 对信用债投资组合稳健最优收益的影响

图 5-7 表明信用债投资组合稳健最优收益随着 σ^C 的增加而逐渐减小。其变化趋势原因如下：k^C 和 θ^C 不变时，违约强度共性因子波动率 σ^C 的增大会导致其长期波动 $(\sigma^C)^2 \theta^C /(2k^C)$ 增大，违约强度波动变大，进而违约概率波动增大；由图 5-8 可以看出，随着 σ^C 的增加，各信用债平均违约概率显著增加。违约概率波动及其均值的增加趋势，表明市场总体信用状况逐渐变差，投资者所面临的投资风险上升，为了分散风险，投资者会选择放弃一部分收益得到更为稳健的信用债投资组合，且该部分放弃的收益随风险的上升而增多，故投资者所获得的信用债投资组合稳健最优收益随之变少。

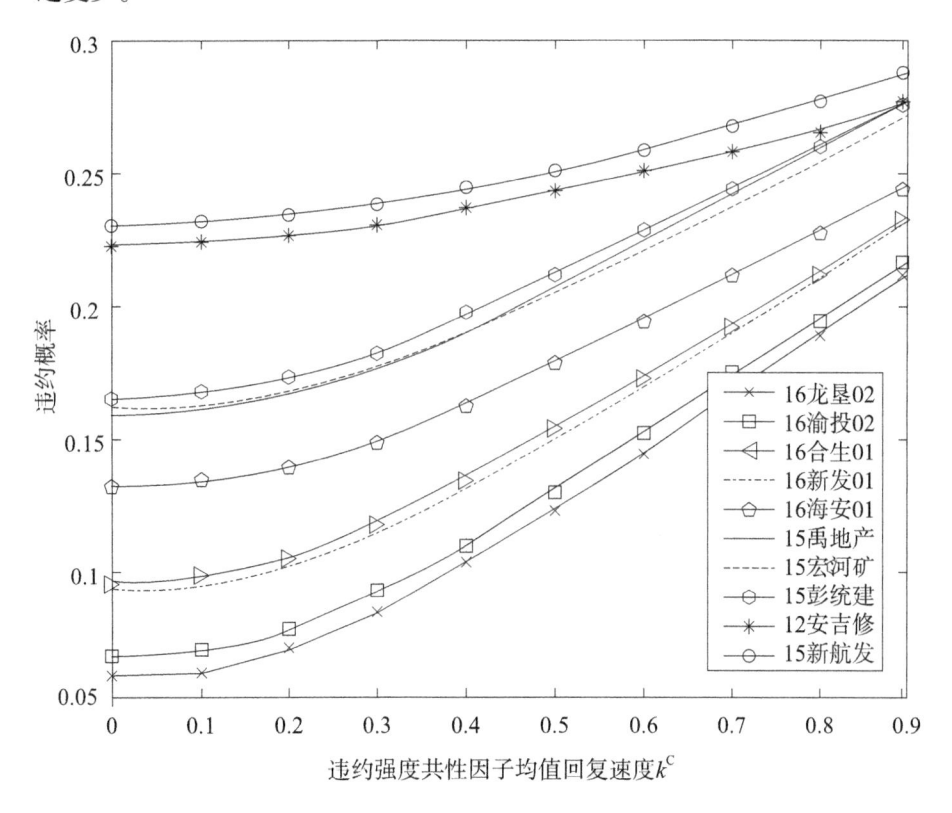

图 5-8 σ^C 对信用债违约概率均值的影响

综上所述，违约强度共性因子均值回复速度 k^C 与市场总体信用状况正相关，其波动率 σ^C 和长期均值 θ^C 与市场总体信用状况负相关；当市场总体信用状况转好时（即 k^C 增大、σ^C 或 θ^C 减小时），信用债投资组合稳健最优收益逐渐增大；当市场总体信用状况变差时（即 k^C 减小、σ^C 或 θ^C 增大时），信用债投资组合稳健最优收益逐渐减小。

为了探究信用债投资组合稳健最优收益对各参数的敏感程度，我们取不确定性参数 $p=0.4$，比较分析违约强度共性因子均值回复速度 k^C、长期均值 θ^C 和波动率 σ^C 对信用债投资组合稳健最优收益的影响程度。

（4）k^C 和 θ^C 对信用债投资组合稳健最优收益的影响

违约强度共性因子波动率 σ^C 不变，均值回复速度 k^C 和长期均值 θ^C 对稳健最优收益的影响如图 5-9 所示。

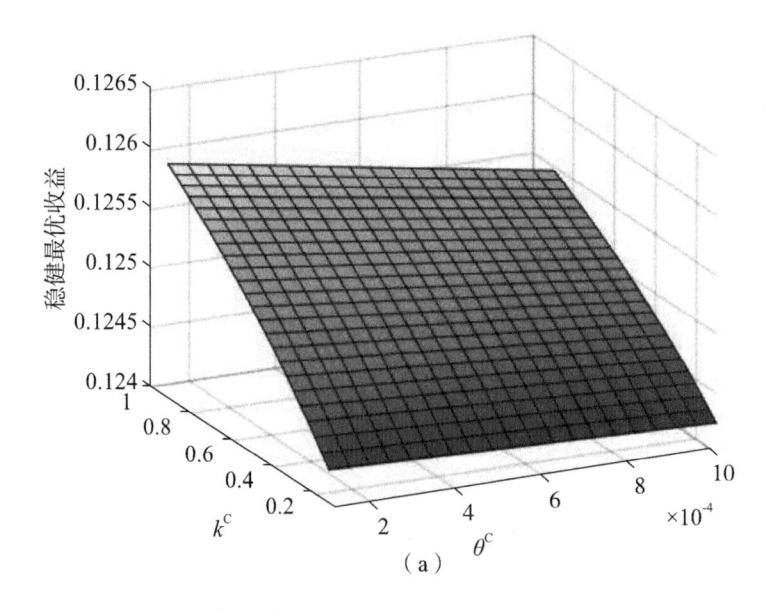

图 5-9　θ^C 和 k^C 对信用债投资组合稳健最优收益的影响

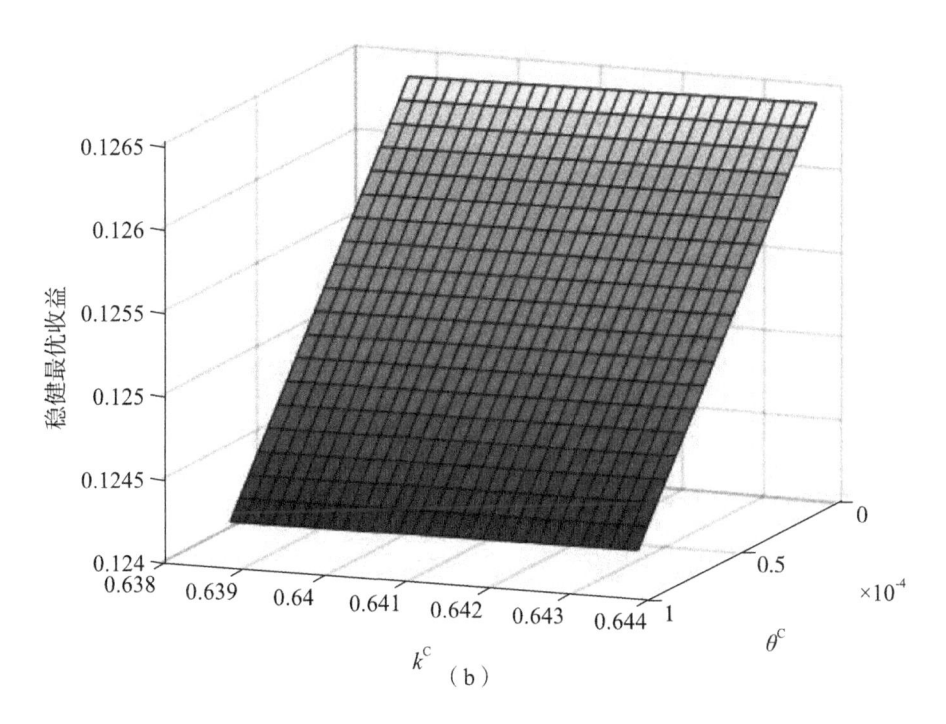

图 5-9　θ^C 和 k^C 对信用债投资组合稳健最优收益的影响（续）

图 5-9（a）表示违约强度共性因子的参数 k^C 和 θ^C 同时变化对信用债投资组合稳健最优收益的影响。为了进一步比较 k^C 和 θ^C 对稳健最优收益的影响程度，给出图 5-9（a）的局部放大图，即图 5-9（b）。

图 5-9（a）显示：随着 k^C 的增加，信用债投资组合稳健最优收益增加；随着 θ^C 的增加，信用债投资组合稳健最优收益减小。这与图 5-5 图 5-6 所呈现的结果一致。

图 5-9（b）表明了 k^C 和 θ^C 对稳健最优收益的影响程度，当 θ^C 和 k^C 同时增加 0.0001 个单位时，稳健最优收益随着 k^C 的增加而增加的程度小于随着 θ^C 增加而减小的程度，说明 θ^C 对稳健最优收益的影响显著大于 k^C 对其影响，这意味着相较于 k^C，信用债投资组合稳健最优收益对 θ^C 更为敏感。

（5） θ^C 和 σ^C 对信用债投资组合稳健最优收益的影响

违约强度共性因子均值回复速度 k^C 不变时，长期均值 θ^C 和波动率 σ^C 对稳健最优收益的影响如图 5-10 所示。

类似于图 5-9、图 5-10 为违约强度共性因子长期均值 θ^C 和波动率 σ^C 对信用债投资组合稳健最优收益的影响图及相应的局部图。

图 5-10（a）显示同时增加 θ^C 和 σ^C 会使得信用债投资组合收益减小，这与图 5-6 和图 5-7 呈现的结果相符；且由图 5-10（b）可知，当 θ^C 和 σ^C 分别增加 0.0001 个单位，稳健最优收益随 θ^C 增加而减少的程度大于随 σ^C 增加而减少的程度，表明 θ^C 对信用债投资组合稳健最优收益的影响程度显著大于 σ^C 对其影响程度。

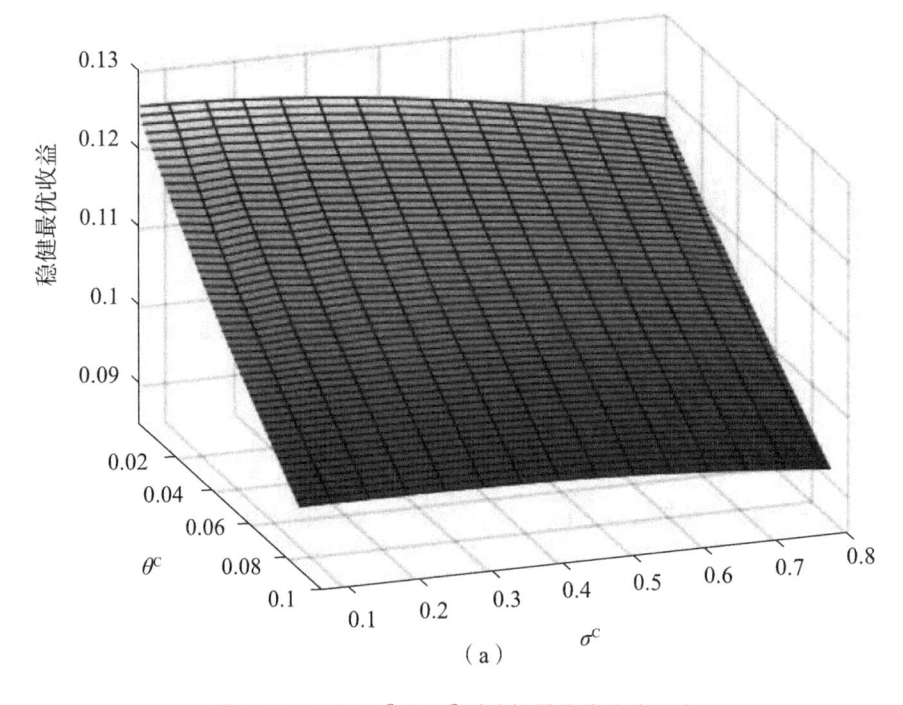

图 5-10 不同 θ^C 和 σ^C 对稳健最优收益的影响

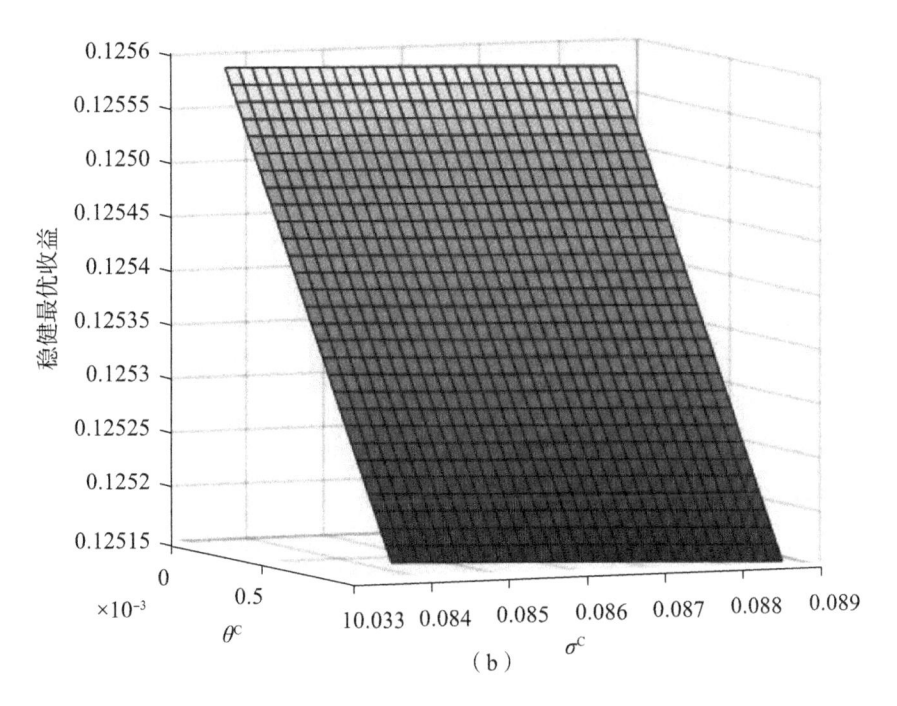

图 5-10　不同 θ^C 和 σ^C 对稳健最优收益的影响（续）

（6）k^C 和 σ^C 对信用债投资组合稳健最优收益的影响

当违约强度共性因子长期均值 θ^C 不变，其均值回复速度 k^C 和波动率 σ^C 对稳健最优收益的影响如图 5-11 所示。

如图 5-11 所示，当违约强度共性因子均值回复速度 k^C 和波动率 σ^C 同时增加 0.1 个单位，两者对于稳健最优收益起到反向作用，且与图 5-4 和图 5-7 所示结果相同；同时由图 5-11 可直观看出，k^C 增加 0.1 个单位时，稳健最优收益的增加量小于 σ^C 增加 0.1 个单位时稳健最优收益的减小量，说明信用债投资组合稳健最优收益受 σ^C 的影响多于受 k^C 的影响。

综上所述，信用债投资组合稳健最优收益对违约强度共性因子长期均值 θ^C 最为敏感，其次是波动率 σ^C，最后是均值回复速度 k^C。

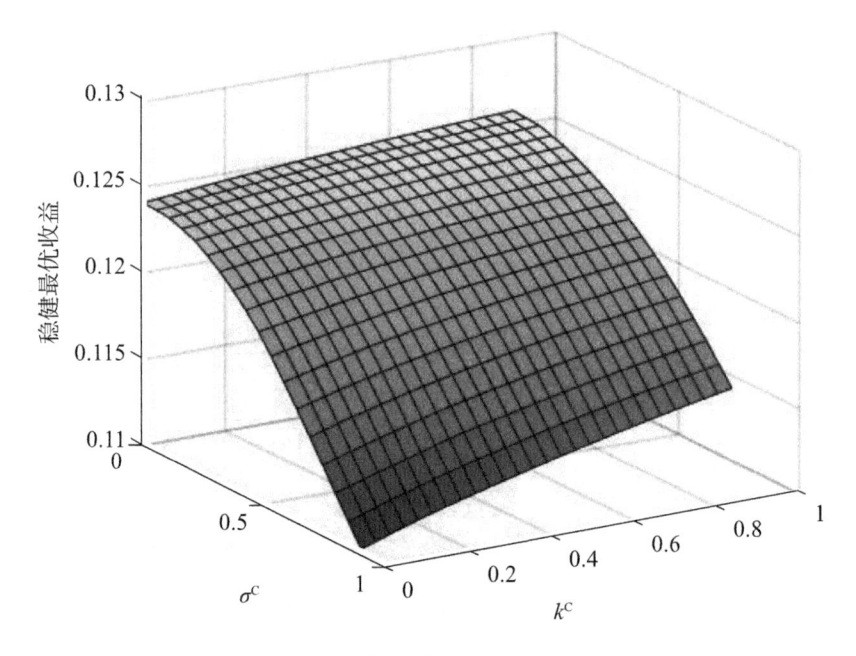

图 5-11　不同 σ^c 和 k^c 对稳健最优收益的影响

5.4　对比分析

本小节探讨对于不同的市场总体信用状况，在"最坏情况"下投资者为信用债配置 CDS 是否始终具有必要性，并对比鲁棒优化策略和 Markowitz 均值-方差策略下，具有 CDS 保障的信用债投资组合的决策结果。

5.4.1　具有 CDS 保障和不具有 CDS 保障的信用债投资组合稳健最优收益比较

在投资者利用鲁棒优化策略进行投资决策的前提下，选取市场总体信用状况较差（以 2018 年 8 月 1 日到 2019 年 8 月 1 日市场数据为例）与市场总体信用状况较好（以 2013 年 1 月 4 日到 2013 年 12 月 31 日市场数据为例），对比分析具有 CDS 保障和不具有 CDS 保障的信用债投资组合稳健最优收益，探讨不同市场总体信用状况下利用 CDS 缓释信用风险是否始终具有必要性。

1. 市场总体信用状况较差的情况（以 2018.08.01~2019.08.01 中国信用债市场数据为例）

以 2018 年 8 月 1 日至 2019 年 8 月 1 日中国信用债市场数据为例，在市场总体信用状况较差情况下，对比分析具有 CDS 保障和不具有 CDS 保障的信用债投资组合稳健最优收益。以式（5-6）及（5-7）为理论依据，对不具有 CDS 保障的信用债投资组合稳健最优收益进行数值计算。通过改变不确定性参数 p 改变不确定集 $\Theta_{\Pi^{CDS}}$，进而对于不同不确定集 $\Theta_{\Pi^{CDS}}$，对比分析其"最坏情况"下，具有 CDS 保障和不具有 CDS 保障的信用债投资组合最大收益变化，即稳健最优收益变化，结果如图 5-12 所示。

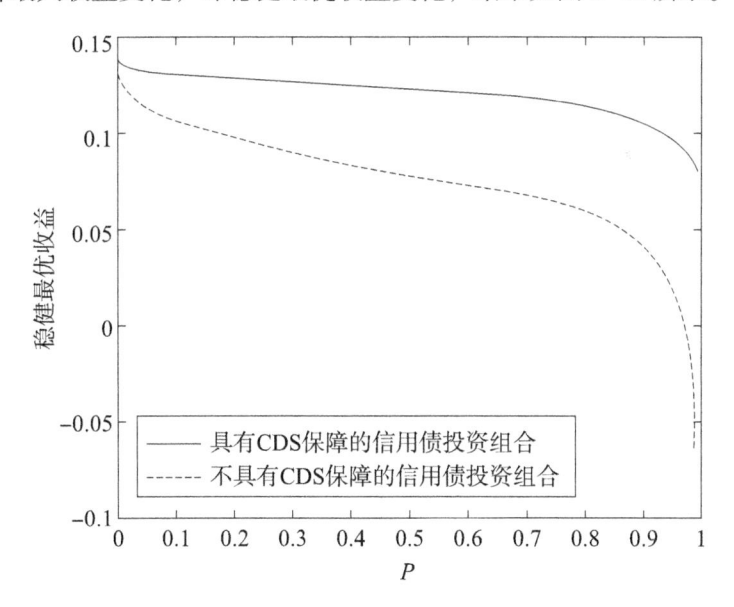

图 5-12　具有 CDS 保障和不具有 CDS 保障的信用债投资组合稳健最优收益

随着不确定性参数 p 的增大，不确定集 $\Theta_{\Pi^{CDS}}$ 随之扩大，相应地，投资组合的"最坏情况"的严重程度不断加大。从图 5-12 可以看出，具有

CDS 保障和不具有 CDS 保障的信用债投资组合稳健最优收益均呈减小趋势，这与图 5-3 所示情况及原因一致。同时，投资者购买具有 CDS 保障的信用债投资组合所得稳健最优收益显著高于不具有 CDS 保障的情形，且具有 CDS 保障的信用债投资组合稳健最优收益变化较为平缓，不具有 CDS 保障的信用债投资组合稳健最优收益变化幅度较大。当不确定集 $\Theta_{\Pi^{CDS}}$ 逐渐扩大时，即投资组合的"最坏情况"的严重程度加大时，二者差距也越来越大。这样的变化趋势意味着投资者所面临的投资风险越大，购买具有 CDS 保障的信用债投资组合越能够获得稳健的收益。

进一步对其稳健最优投资组合的风险进行考量，其对应的方差见表 5-6。

表 5-6 具有 CDS 保障和不具有 CDS 保障的信用债稳健最优投资组合方差（风险）

不确定性参数 p	具有 CDS 保障的信用债稳健最优投资组合方差	不具有 CDS 保障的信用债稳健最优投资组合方差
0	0.000561905	0.005957289
0.1	0.000159749	0.003079419
0.2	0.000144824	0.002744477
0.3	0.000140454	0.002120734
0.4	0.000118410	0.001124468
0.5	0.000100163	0.000583733
0.6	0.000090800	0.000436995
0.7	0.000085200	0.000347797
0.8	0.000081300	0.000292426
0.9	0.000063400	0.000260217

由表 5-6 可知，随着不确定集 $\Theta_{\Pi^{CDS}}$ 的扩大，投资组合的"最坏情况"的严重程度加大，具有 CDS 保障的信用债稳健最优投资组合风险明显低于不具有 CDS 保障的情况。结合图 5-12 可以看出，投资者在鲁棒优化策略下，选择购买具有 CDS 保障的信用债投资组合不仅投资风险较低，同时能够得到较高的收益。

总体来看，图 5-12 和表 5-2 说明具有 CDS 的信用债投资组合鲁棒优化决策从收益、风险方面均优于不具有 CDS 的信用债投资组合鲁棒优化决策。这是由于以上分析均基于 2018 年 8 月 1 日到 2019 年 8 月 1 日数据，在此期间信用债市场违约水平达到近年来的峰值状态，反映较差的市场总体信用状况，以上结果进一步说明在信用债市场违约水平较高的情况下，投资者选择为信用债配置 CDS 以缓释风险符合当前我国信用债市场实际情况。为进一步探究是否存在投资者不配置 CDS 优于配置 CDS 的情形，利用 2013 年 1 月 4 日到 2013 年 12 月 31 日信用债市场未发生违约的数据，即在市场总体信用状况较好时，分析具有 CDS 保障和不具有 CDS 保障的信用债投资组合稳健最优收益。

2. 市场总体信用状况较好的情况（以 2013.01.04～2013.12.31 中国信用债市场数据为例）

以 2013 年 1 月 4 日至 2013 年 12 月 31 日中国信用债市场数据为例，对比分析市场总体信用状况较好时，具有 CDS 保障和不具有 CDS 保障的信用债投资组合稳健最优收益如图 5-13 所示。

图 5-13 显示，随着不确定集 $\Theta_{\Pi^{CDS}}$ 的扩大，不具有 CDS 保障的稳健最优收益由高于具有 CDS 保障的稳健最优收益的状态，逐渐变为两者持平，最后变为前者小于后者。直观看来，图 5-13 与图 5-12 存在的最大区别在于，具有 CDS 保障的信用债投资组合稳健最优收益并非总是高于不具有 CDS 保障的稳健最优收益。该变化趋势的原因如下：不确定集 $\Theta_{\Pi^{CDS}}$ 较小时，即投资组合"最坏情况"的严重程度较小，投资者所面临的投资风险较低，若利用 CDS 对信用债进行保障，能够对风险起到缓释作用，但投资者需要付出一定成本配置 CDS，以期在信用债违约之后能够得到第三方机构的赔付。由于投资风险较低，信用债发生违约的可能性很小，所以投资者得

到赔付的可能性很小，此时仅相当于在原有收益上减少了一部分配置 CDS 的费用，这意味着不确定集 $\Theta_{\Pi^{CDS}}$ 较小、投资风险较低时，投资者没有必要为信用债配 CDS。此时不具有 CDS 保障的信用债投资组合稳健最优收益较高，故投资者会优先选择不为信用债配置 CDS。

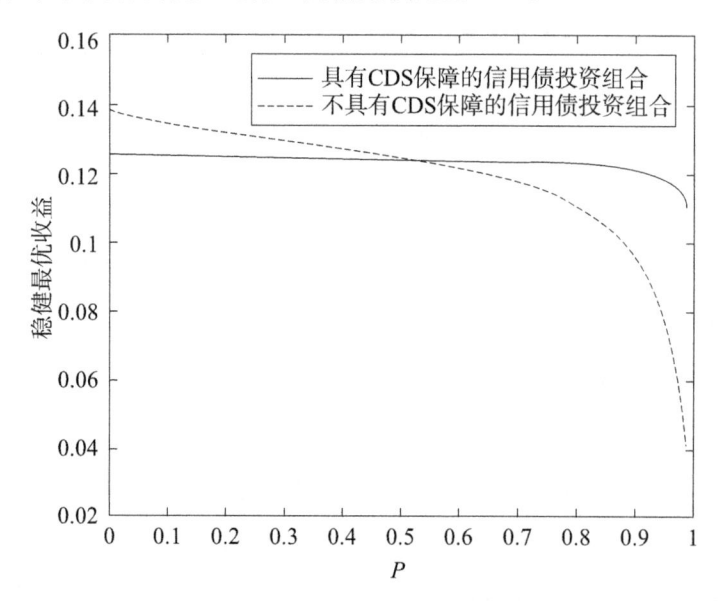

图 5-13 市场总体信用状况较好时具有 CDS 保障和不具有 CDS 保障稳健最优收益比较

随着不确定集 $\Theta_{\Pi^{CDS}}$ 的扩大，投资者所面临的投资风险上升，若投资者利用 CDS 对信用债进行保障，能够有效地缓释风险，虽然需要向第三方机构支付一定的费用，但一旦信用债发生违约，第三方机构能够向投资者赔付其损失的本金，有效减少投资者的损失。此时具有 CDS 保障的信用债投资组合稳健最优收益较高，故投资者会优先选择为信用债配置 CDS。

5.4.2 鲁棒优化策略与 Markowitz 均值-方差策略下投资组合决策比较

经典的 Markowitz 投资组合优化理论认为，最优投资组合的决策取决

于收益期望值 $E\left[\widetilde{\Pi}_{\text{portfolio}}^{\text{CDS}}\right]$ 与风险 $\text{Var}\left[\widetilde{\Pi}_{\text{portfolio}}^{\text{CDS}}\right]$ 之间的权衡，具体表示为如下形式：

$$\max_{w}\left\{w^T\mu - \delta w^T \mathbf{\Gamma} w\right\} \quad (5\text{-}15)$$

$$s.t. \quad w^T 1 = 1$$

$$w_j \geq 0, j = 1, 2, 3, \ldots, n$$

其中，$\mathbf{\Gamma}$ 为具有 CDS 保障的信用债收益协方差矩阵，δ 表示投资者对于风险的厌恶程度。

鲁棒优化策略最终目标同样是最大化投资组合收益，区别在于该收益为"最坏情况"下的收益，即鲁棒优化策略保证投资者在"最坏情况"下仍能够得到较为可观的收益。

为方便投资者根据自身需求进行决策，以下对比分析鲁棒优化策略和 Markowitz 均值－方差策略下的信用债投资组合决策结果。两种策略均包含重要的控制变量：投资者对于风险的厌恶程度 δ。以 10 只具有 CDS 保障的信用债为标的构成投资组合，通过变化 δ，得到两种策略下的具有 CDS 保障的信用债最优投资组合成分配比，对比结果如图 5-14 所示。

图 5-14 显示，随着投资者风险厌恶程度 δ 的增加，利用 Markowitz 均值－方差策略得到的最优投资组合权重分配比较集中，主要对 15 新航发、12 安吉修、15 彭统建进行配比；利用鲁棒优化策略得到的最优投资组合权重 w 分配较为分散，逐渐对 10 只信用债均进行配置，起到了分散风险的作用，使得最优投资组合更加稳健。进一步考察两种策略下最优投资组合的收益及相应的方差（用以度量风险），结果见表 5-7。

（a）Markowitz均值-方差策略

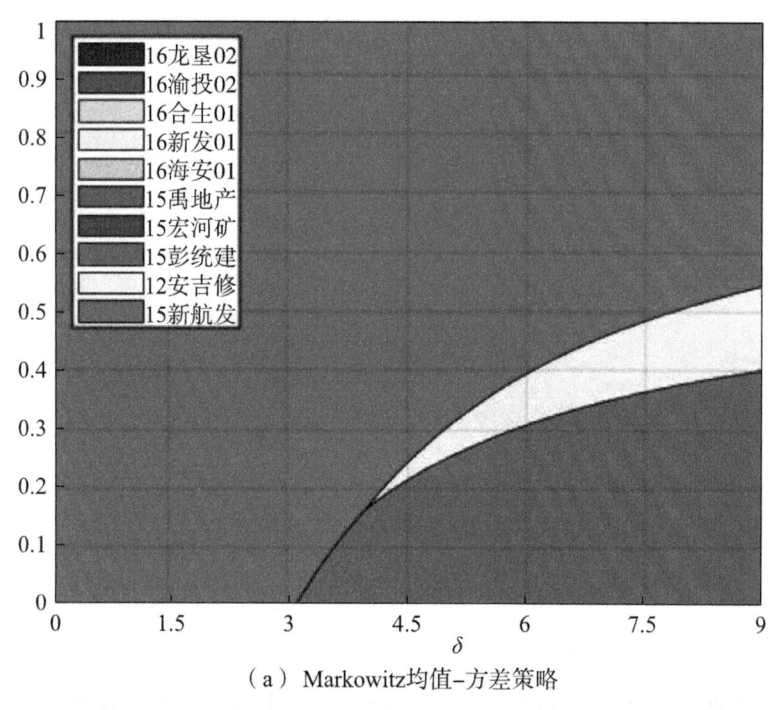

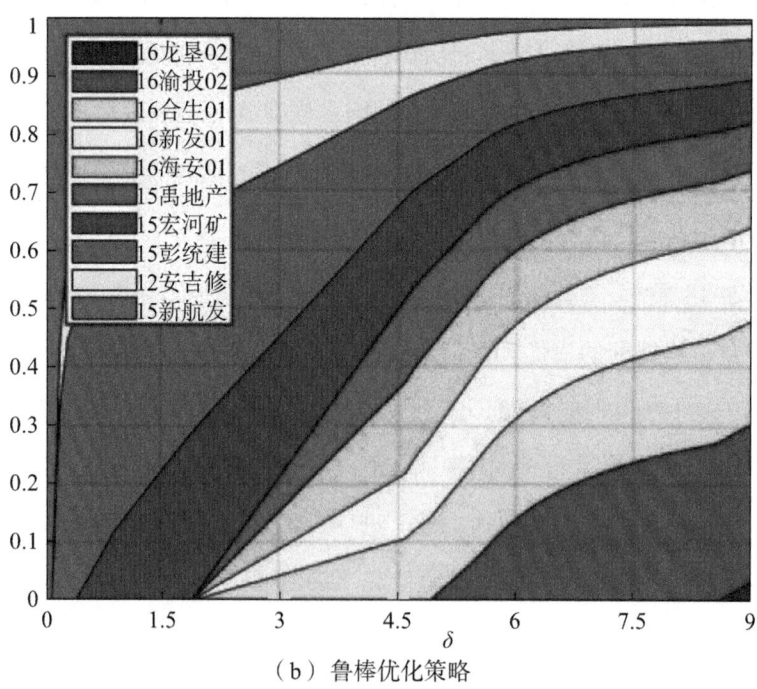

（b）鲁棒优化策略

图 5-14　两种策略下具有 CDS 保障的信用债投资组合成分配比决策结果对比

第 5 章　具有 CDS 保障的投资组合鲁棒优化研究

表 5-7　两种策略下具有 CDS 保障的信用债投资组合收益及方差表

参数 δ	Markowitz 均值 – 方差策略		鲁棒优化策略	
	最优收益	最优投资组合方差	最优收益	最优投资组合方差
1.5	0.13654834	0.00056191	0.11869237	0.00008551
3	0.13570548	0.00056190	0.10554046	0.00006344
4.5	0.13503413	0.00034938	0.09586666	0.00002218
6	0.13459054	0.00025551	0.09023310	0.00000894
7.5	0.13424353	0.00021204	0.08619940	0.00000619
9	0.13394483	0.00018841	0.08264042	0.00000499

由表 5-7 可知，对于同一风险厌恶程度的投资者而言，Markowitz 均值 – 方差策略下的最优收益高于鲁棒优化策略下的最优收益，同时鲁棒优化策略下的最优投资组合风险低于 Markowitz 均值 – 方差策略下的最优投资组合风险，这体现了鲁棒优化策略的稳健性。

随着投资者风险厌恶程度的加重，鲁棒优化策略下的最优投资组合风险显著低于 Markowitz 均值 – 方差策略下的最优投资组合风险。这说明如果投资者越厌恶风险，鉴于鲁棒优化策略所得到的最优投资组合较稳健，则投资者更倾向于选择鲁棒优化策略进行投资决策。

为了进一步描述投资者选择鲁棒优化策略的优越性，以下对比鲁棒优化策略和 Markowitz 均值 – 方差策略的夏普率。夏普率 SR 是一个可以同时对收益与风险加以综合考虑的指标，表示投资者每承受一单位投资组合风险所产生的超额收益。该指标越高，表明在单位风险下投资者能够获得更高的期望收益水平。其计算公式如下：

$$SR = \frac{E\left[\widetilde{\Pi}_{\text{portfolio}}^{\text{CDS}}\right] - r_f}{\sqrt{\text{Var}\left[\widetilde{\Pi}_{\text{portfolio}}^{\text{CDS}}\right]}} \tag{5-16}$$

由于本节基于 2018 年 8 月 1 日到 2019 年 8 月 1 日市场数据进行数值

计算，故以该时期国债即期收益率均值作为无风险利率，即 $r_f = 0.03$。

测算 Markowitz 均值 – 方差策略和鲁棒优化策略的夏普率，对比结果如图 5-15 所示。

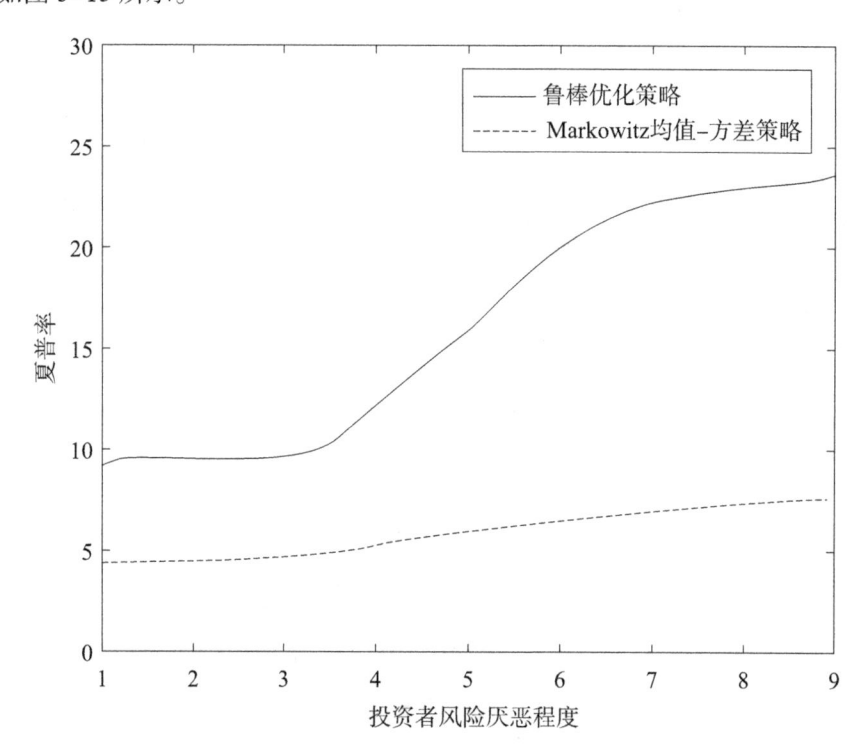

图 5-15　两种策略下投资组合的夏普率对比

由图 5-15 可以看出，鲁棒优化策略下的夏普率显著高于 Markowitz 均值 – 方差策略下的夏普率，表明投资者每承受一单位投资组合风险，通过鲁棒优化策略得到的期望收益高于通过 Markowitz 均值 – 方差策略得到的期望收益，这意味着鲁棒优化策略对于投资者来说更为优越。

5.5　研究结论

本章在不考虑第三方机构发生违约及利用 CDS 缓释信用债信用风险

第 5 章　具有 CDS 保障的投资组合鲁棒优化研究

的假定下,研究了具有 CDS 保障的信用债投资组合的鲁棒优化决策问题。利用中国债券市场数据进行数值分析,通过参数估计得到服从双因子 CIR 过程的违约强度,据此测算信用债的违约概率和以该信用债为参考资产的 CDS 价差,进而得到具有 CDS 保障的信用债随机收益,在此基础上得到"最坏情况"下的最优投资组合成分配比及最优收益,即信用债稳健最优投资组合及稳健最优收益。通过仿真分析得到以下几点结论。

第一,具有 CDS 保障的信用债投资组合鲁棒优化策略表明,随着不确定集 $\Theta_{\Pi^{CDS}}$ 的扩大,即投资组合"最坏情况"严重程度的加剧,投资者所面临的投资风险上升,为了分散风险,投资者会增加信用评级较高、风险较低、收益较低的信用债的配置数量,同时减少信用评级较低、风险较高、收益较高的信用债配置数量。由于收益较低的信用债配置数量增加,收益较高的信用债配置数量减少,故信用债投资组合稳健最优收益逐渐减小。

第二,对反映市场总体信用状况的参数 k^c、θ^c 与 σ^c 进行单因素和双因素敏感性分析表明,违约强度共性因子均值回复速度 k^c 与市场总体信用状况正相关,其波动率 σ^c 和长期均值 θ^c 与市场总体信用状况负相关;随着 k^c 增大、σ^c 减小或 θ^c 减小,即市场总体信用状况转好时,信用债投资组合稳健最优收益增大;随着 k^c 减小、σ^c 增大或 θ^c 增大,即市场总体信用状况变差时,信用债投资组合稳健最优收益减小;稳健最优收益对于违约强度共性因子长期均值 θ^c 较其他共性因子参数更为敏感。

第三,通过对具有 CDS 保障和不具有 CDS 保障的信用债投资组合稳健最优收益进行比较可知,当市场总体信用状况较差时(以 2018 年 8 月 1 日到 2019 年 8 月 1 日市场数据为例),具有 CDS 保障的信用债投资组合稳健最优收益大于不具有 CDS 保障的稳健最优收益,且前者稳健最优投资组合风险更小。当市场总体信用状况较好时（以 2013 年 1 月 4 日到 2013 年 12 月 31 日数据市场数据为例），对比分析具有 CDS 保障和不具有 CDS 保障的信用债投资组合稳健最优收益，发现当投资者所面临的投资风险较小时，没有必要为信用债配置 CDS。因此，在当前我国信用债市场总体信用状况较差的背景下，配置 CDS 对于信用债投资具有较大的必要性。

第四，对于同一风险厌恶程度的投资者，对比鲁棒优化策略与 Markowitz 均值–方差策略下具有 CDS 保障的信用债投资组合配比、收益及风险，发现鲁棒优化策略下具有 CDS 保障的信用债投资组合配比较分散，虽然其收益较小，但同时其风险也较小。通过进一步对比两种策略下的夏普率发现，鲁棒优化策略优于 Markowitz 均值–方差策略。

第6章 基于 CVaR 鲁棒均值 – 方差模型的债券投资组合优化研究

——以是否选择 CDS 缓释债券违约风险为视角

6.1 选择 CDS 保护的模型构建

根据 CDS 对参与主体的定义，本章假定信用保护买方为投资者，标的资产为信用债，交易对手方为信用保护卖方，投资者购买 CDS 以转移信用债的信用风险，减少由信用债违约带来的损失。为具体说明 CDS 对信用风险的缓释功能，本节分别构建了无 CDS 保护信用债随机收益计算模型和交易对手风险存在下有 CDS 保护的信用债随机收益计算模型，并基于此构建选择 CDS 配比模型，选择出需要利用 CDS 保护的信用债。

6.1.1 无 CDS 保护的信用债随机收益测算

本节主要测算投资者购买有违约风险、面值 $B_j=1(j=1,2,\ldots n)$ 的信用债，且没有购买 CDS 对其进行保护时的随机收益。投资者购买债券的随机收益取决于两个因素：信用债的票面利率和违约情况。本节将信用债的违约时间分为以下三种情况，分别计算信用债的随机收益。

1. 信用债在整个生存期内不会违约

假定投资者购买的信用债 j 在存续期间内不发生违约，投资者在期初按照市场价格购买信用债，到期日收取投资信用债的本金及最后一次利息，其收益现值为：

$$\pi_{\tau=0} = \sum_{k=1}^{N} B_j r_j \Delta t e^{-r_j t_k} \quad （6-1）$$

2. 信用债违约时刻 $\tau \in (t_0, t_1]$

假设信用债在初始时刻 t_0 与第一个付息日 t_1 之间发生违约，若投资者没有利用 CDS 对信用债进行保障，违约发生后投资者会损失除回收率部分的剩余本金：

$$\pi_{t_0<\tau\leqslant t_1} = -B_j(1-R)\mathrm{e}^{-r_f t_1} \qquad (6-2)$$

3. 信用债违约发生在其他时刻

假设信用债 j 首次违约发生在第一个付息日之后，若投资者没有利用 CDS 对其进行保障，投资者会收到发生违约前的利息以及损失部分无法回收的本金：

$$\pi_{t_{i-1}<\tau\leqslant t_i} = \sum_{k=1}^{i-1}B_j r_j \Delta t\mathrm{e}^{-r_f t_k} - B_j(1-R)\mathrm{e}^{-r_f t_{k+1}} \qquad (6-3)$$

当投资者不购买 CDS 对信用债进行保障时，一旦债券违约发生，投资者将会自己承担债券的违约风险和损失。

上述内容整理见表 6-1。

表 6-1　无 CDS 保护的信用债违约发生在不同时刻的概率及期望收益

违约发生时刻	违约发生概率	不具有 CDS 保障的单只信用债随机收益
不发生违约	$PS(t_N)=\mathrm{e}^{-\lambda_{t_N,j}t_N}$	$\sum_{k=1}^{N}B_j r_j \Delta t\mathrm{e}^{-r_f t_k}$
$t_0<\tau\leqslant t_1$	$PD(t_1)=1-\mathrm{e}^{-\lambda_{t_1,j}t_1}$	$-B_j(1-R)\mathrm{e}^{-r_f t_1}$
$t_1<\tau\leqslant t_i$	$PD(t_{i-1},t_i)=\mathrm{e}^{-\lambda_{t_{i-1},j}t_{i-1}}-\mathrm{e}^{-\lambda_{t_i,j}t_i}$	$\sum_{k=1}^{i-1}B_j r_j \Delta t\mathrm{e}^{-r_f t_k}-B_j(1-R)\mathrm{e}^{-r_f t_{k+1}}$

假设 Π_j 为单只债券的随机收益，则不具有 CDS 保障的信用债 j 的随机收益为：

$$\widetilde{\Pi}_j = (t_N)\sum_{k=1}^{N}B_j r_j \Delta t\mathrm{e}^{-r_f t_k} + PD(t_1)\left(-B_j(1-R)\mathrm{e}^{-r_f t_1}\right)$$

$$+\sum_{i=2}^{N}\left[PD(t_{i-1},t_i)\left(\sum_{k=1}^{i-1}B_j r_j \Delta t\mathrm{e}^{-r_f t_k}-B_j(1-R)\mathrm{e}^{-r_f t_{k+1}}\right)\right] \qquad (6-4)$$

6.1.2 有 CDS 保护的信用债随机收益测算

本节测算投资者购买有违约风险、面值 $B_j = 1$ 的信用债 j、在购买 CDS 对其进行保护时获得的随机收益。当交易对手风险存在时，投资者的随机收益主要受债券的票面利率、信用债的违约情况、CDS 卖方的违约情况和 CDS 价差的影响。与上一节分析相同，本节将债券的违约时刻分为三种情况，并讨论债券违约发生时，交易对手违约与否的情形：

1. 信用债整个生命周期内不发生违约

（1）投资者选择购买 CDS 对债券进行保护，且信用保护卖方不违约。此时交易过程为：投资者于期初付出成本购买信用债，并于 CDS 付息日（假定 CDS 付息日和标的信用债的付息日为同一天）向第三方机构支付 CDS 价差，期末收取投资信用债的本金及最后一次利息。此时投资者收益的现值为：

$$\pi_{\tau=0}^{\text{CDS}} = \sum_{k=1}^{N} B_j \left(r_j - s_j \right) \Delta t e^{-r_f t_k} \quad (6-5)$$

这种情况出现的概率为：$P(\tau_B > T, \tau_C > T) = 1 - \left[q_t(\bar{B}) - q_t(\bar{C}) - q_t(\bar{B} \cap \bar{C}) \right]$

（2）投资者选择购买 CDS 对债券进行保护，信用债不发生违约但信用保护卖方 B 违约，这种情况下：在 CDS 卖方违约发生时刻合约终止，投资者无需继续向 CDS 卖方支付保费，且不考虑替换成本的情况下，投资者的收益为：

$$\pi d_{\tau=0}^{\text{CDS}} = \sum_{i=1}^{N} B_j r_j \Delta t e^{-r_f t_i} - \sum_{k=2}^{N} B_j \bar{S}_j \Delta t e^{-r_f t_k} \quad (6-6)$$

这种情况出现的概率为：$P(\tau_B < T, \tau_C > T) = q_t(\bar{B}) - q_t(\bar{B} \cap \bar{C})$

2. 信用债违约时刻 $\tau \in (t_0, t_1]$

当信用债在初始时刻 t_0 与第一个付息日 t_1 之间发生违约，若利用 CDS 对信用债进行保护，根据 CDS 交易规则，CDS 合约在第一个付息日生效，故当违约发生时，投资者不需要向第三方机构支付 CDS 权利金，第三方机构对于投资者的损失也不予赔付，但投资者可以通过回收率收回部分损失的本金，所以当信用债违约发生在 t_0 到 t_1 之间时，无论投资者是否利用 CDS 为信用债提供保障，其收益均为：

$$\pi_{t_0 < \tau \leqslant t_1} = \pi^{\text{CDS}}_{t_0 < \tau \leqslant t_1} = -B_j(1-R)\mathrm{e}^{-r_f t_1} \quad (6-7)$$

3. 信用债违约时刻 $\tau \in (t_{i-1}, t_i](i \geqslant 2)$

（1）信用债在 τ 时刻发生违约，信用保护卖方 B 不违约

若利用 CDS 缓释信用债违约风险，在其违约发生之前的每一付息日，投资者均需向投资机构支付 CDS 保费，并且能够收到投资信用债返还利息；当信用债违约发生后，投资者能够收回部分本金，其余损失本金均由信用保护卖方 B 进行赔付，故当违约发生在 t_{i-1} 与 $t_i(i \geqslant 2)$ 之间时，投资者收益为：

$$\pi^{\text{CDS}}_{t_{i-1} < \tau \leqslant t_i} = \sum\nolimits_{k=1}^{i-1} B_j\left(r_j - s_j\right)\Delta t \mathrm{e}^{-r_f t_k} \quad (6-8)$$

此情况出现的概率为：$P(\tau_B > T, \tau_C < T) = q_t(\bar{C}) - q_t(\bar{B} \cap \bar{C})$

（2）信用债在 τ 时刻发生违约，同时触发信用保护卖方 B 的违约

在信用债和信用保护卖方 B 违约之前，投资者按照 CDS 合约规定向信用保护卖方支付保费，并能够收到投资信用债的返还利息。一旦信用债的违约触发交易对手 B 的违约，此时合约停止，信用保护卖方对投资者的偿付为 0，且投资者将会损失部分无法回收的本金，并损失了违约发生前向信用保护卖方支付的保费：

$$\pi \mathrm{d}^{\text{CDS}}_{t_{i-1} < \tau \leqslant t_i} = \sum\nolimits_{k=1}^{i-1} B_j\left(r_j - s_j\right)\Delta t \mathrm{e}^{-r_f t_k} - B_j(1-R)\mathrm{e}^{-r_f t_{k+1}} \quad (6-9)$$

这种情况出现的概率为：

$$P(\tau_B < T, \tau_C < T) = q_t(\overline{B})q_t(\overline{C}) + (\overline{B}, \overline{C})\sqrt{[q_t(\overline{B}) - q_t(\overline{B})^2][q_t(\overline{C}) - q_t(\overline{C})^2]}$$

综上所述，考虑交易对手违约概率情况下，投资者购买 CDS 对信用债进行保护时，债券的违约概率及投资者的随机收益见表 6-2。

表 6-2　单边交易对手违约调整下违约发生在不同时刻的概率及收益

时刻	事件	发生概率	具有 CDS 保障的单只信用债随机收益
整个周期	标的债券 C、交易对手 B 均不违约	$q_{t_N}(B \cap C) = 1 - [(\overline{B}) + q_{t_N}(\overline{C}) - q_{t_N}(\overline{B} \cap \overline{C})]$	$\sum_{k=1}^{N} B_j(r_j - \overline{S}_j)\Delta t e^{-r_f t_k}$
	债券 C 不违约、交易对手 B 违约	$q_{t_i}(\overline{B} \cap C) = q_{t_i}(\overline{B}) - q_{t_i}(\overline{B} \cap \overline{C})$	$\sum_{k=1}^{i} B_j r_j \Delta t e^{-r_f t_k}$ $-\sum_{k=2}^{i-1} B_j \overline{S}_j \Delta t e^{-r_f t_k}$
$t_0 < \tau \leq t_1$	债券 C 违约、交易对手 B 不违约	$q_t(B \cap \overline{C}) = q_t(\overline{C}) - q_t(\overline{B} \cap \overline{C})$	$-B_j(1-R)e^{-r_f t_1}$
	债券 C、交易对手 B 均违约	$q_t(\overline{B} \cap \overline{C}) = q_t(\overline{B})q_t(\overline{C}) + \rho_t(\overline{B}, \overline{C})\sqrt{[q_t(\overline{B}) - q_t(\overline{B})^2][q_t(\overline{C}) - q_t(\overline{C})^2]}$	$-B_j(1-R)e^{-r_f t_1}$
$t_1 < \tau \leq t_i$	债券 C 违约、交易对手 B 不违约	$q_{t_i}(B \cap \overline{C}) = [q_{t_i}(\overline{C}) - q_{t_i}(\overline{B} \cap \overline{C})]$	$\sum_{k=1}^{i-1} B_j(r_j - \overline{S}_j)\Delta t e^{-r_f t_k}$
	债券 C、交易对手 B 均违约	$q_{t_i}(\overline{B} \cap \overline{C}) = q_{t_i}(\overline{B})q_{t_i}(\overline{C}) + \rho_t(\overline{B}, \overline{C})\sqrt{[q_{t_i}(\overline{B}) - q_{t_i}(\overline{B})^2][q_{t_i}(\overline{C}) - q_{t_i}(\overline{C})^2]}$	$\sum_{k=1}^{i-1} B_j(r_j - \overline{S}_j)\Delta t e^{-r_f t_k}$ $-B_j(1-R)e^{-r_f t_{k+1}}$

假设 $\Pi_{j,\text{CDS}}$ 为投资者购买 CDS 对债券进行保护后单只债券的随机收益，则考虑交易对手违约风险下具有 CDS 保障的信用债 j 的随机收益为：

$$\widetilde{\Pi}_{j,\text{CDS}} = q_{t_N}(B \cap C)\sum_{k=1}^{N} B_j\left(r_j - \overline{S}_j\right)\Delta t e^{-r_f t_k} +$$

$$\sum_{i=1}^{N} q_{t_i}(\overline{B} \cap C)\left(\sum_{k=1}^{i} B_j r_j \Delta t e^{-r_f t_k} - \sum_{k=2}^{i-1} B_j \overline{S}_j \Delta t e^{-r_f t_k}\right) +$$

$$\left[q_{t}\left(B \cap \overline{C}\right) + q_{t}\left(\overline{B} \cap \overline{C}\right)\right]\left[-B_j(1-R)e^{-r_f t_1}\right] + \sum_{i=2}^{N}\left[q_{t_i}\left(B \cap \overline{C}\right)\sum_{k=1}^{i-1} B_j\left(r_j - \overline{S}_j\right)\Delta t e^{-r_f t_k}\right] +$$

$$\left[\sum_{i=2}^{N} q_{t_i}\left(\overline{B} \cap \overline{C}\right)\sum_{k=1}^{i-1} B_j\left(r_j - \overline{S}_j\right)\Delta t e^{-r_f t_k} - B_j(1-R)e^{-r_f t_{k+1}}\right] \quad (6\text{-}10)$$

6.1.3 选择 CDS 保护的模型构建

在交易对手信用不完美的情况下，CDS 虽能将信用债的违约风险转移给信用保护卖方，但是同时将会带来一定的交易对手风险。投资者通常根据交易对手的信用评级来评估交易对手风险，交易对手风险的大小对投资者的实际收益产生影响。那么，此时投资者应该考虑在交易对手风险存在情况下，是否应该为标的债券搭配 CDS 缓释信用风险，或者考虑为哪些信用等级的信用债搭配 CDS 缓释信用风险可以取得最大收益。从投资者利益最大化角度考虑，在交易对手风险存在下，若投资者购买 CDS 后的债券收益低于未利用 CDS 保护的债券收益，则投资者此时将不会为债券搭配 CDS，反之亦然。因此，本节基于 5.1、5.2 的研究构建 CDS 选择保护模型，判定投资者购买的信用债是否需要 CDS 缓释风险。

债券违约风险的大小由违约强度决定，违约强度大小反映了债券的信用情况。因此，本节用蒙特卡洛模拟出 n 个场景计算违约强度，取这 n 个违约强度的均值代表信用债 j 的违约强度，得到违约概率并进一步计算信用债 j 的随机收益。

根据 5.1、5.2 节可知：不具有 CDS 保护的信用债 j 的期望收益为

$E\left(\widetilde{\Pi}_j\right)$，考虑交易对手违约风险下具有 CDS 保护的信用债的期望收益为 $E\left(\widetilde{\Pi}_{j,\text{CDS}}\right)$，则有：

$$E\left(\widetilde{\Pi}_j\right) = \frac{1}{k}\sum_{n=1}^{k}\widetilde{\Pi}j(\lambda_k) \quad (6\text{-}11)$$

$$E\left(\widetilde{\Pi}_{j,\text{CDS}}\right) = \frac{1}{k}\sum_{n=1}^{k}\widetilde{\Pi}j,\text{CDS}(\lambda_k) \quad (6\text{-}12)$$

假设事件 A 为是否为债券 j 搭配 CDS 缓释信用风险，则事件 A 的示性函数表示为：

$$1_A = \begin{cases} 1, & E\left(\widetilde{\Pi}_j\right) < E\left(\widetilde{\Pi}_{j,\text{CDS}}\right) \\ 0, & E\left(\widetilde{\Pi}_j\right) > E\left(\widetilde{\Pi}_{j,\text{CDS}}\right) \end{cases} \quad (6\text{-}13)$$

当 $1_A = 1$ 时，不具有 CDS 保护的信用债 j 的期望收益小于具有 CDS 保护的信用债的期望收益，此时投资者应该选择购买 CDS 缓释债券的违约风险；当 $1_A = 0$，不具有 CDS 保护的信用债 j 的期望收益大于具有 CDS 保护的信用债的期望收益，故此时投资者不需要购买 CDS 缓释债券的违约风险。

6.2 基于 CVaR 鲁棒－均值方差模型的投资组合优化策略

前文以投资者角度分别计算了利用 CDS 对信用债保护时和不利用 CDS 对信用债保护的单只债券的随机收益，并通过 4.3 的选择模型，选出投资组合中需要 CDS 保护和不需要 CDS 保护的信用债，最后计算得出投资组合的期望收益向量 μ。由于我们无法观测到全体市场样本，估计 μ_j 时是基于所选择的数据样本。因此，不同样本段的选取会得到不同的估计值，这就意味着 μ_j 本身就是一个随机变量，而投资组合中的风险和收益是不确定参数，其估计误差将对最优投资组合策略的稳定性产生重要影响。针对这一情况，鲁棒优化技术作为解决这一问题的有效方法被广泛应用，但鲁棒优化估计结果可能过于保守，无法实现高回报。Zhu[47]改进了 min – max 鲁棒均值方差理论，使用 CVaR 来度量投资组合的均值损失 $-\mu^T\omega$，通过逐步纳入更好的情形，自然地调整组合的保守性水平，弥补了鲁棒优化技术的这一缺陷。前文 CDS 价差测算、债券随机收益的测算为本节投资组合的构建提供了基础。因此，本节借鉴 Zhu[47] 的 CVaR 鲁棒均值方差模型构建最优投资组合。

CVaR 鲁棒均值方差模型是从马科维茨的均值方差模型发展而来的。因此，先要介绍一下均值方差模型，该模型提出用均值度量投资组合收益，用方差度量投资组合的风险，投资组合的最优值就是在收益与风险之间取得的平衡值：

$$\max_{\omega}\{\mu^T\omega - \lambda\omega^T Q\omega\}$$

$$s.t. \sum_{i=1}^{n}\omega_i = 1$$

$$0 \leqslant \omega_i \leqslant 1, i = 1, 2, \ldots, n \quad (6-14)$$

其中 Q 为投资组合收益的协方差矩阵，λ 表示投资者对风险的厌恶程度。

与均值方差度量风险的方法不同，CVaR 鲁棒均值方差模型考虑用 CVaR 度量实际的平均损失，CVaR 是指在一定的置信水平下，投资组合所面临的超过 VaR 的平均损失值，其数学表达式为：

$$\text{CVaR}_\beta = E(f(\omega,\mu) \mid f(\omega,\mu) \geqslant \text{VaR}_\beta) \quad (6-15)$$

其中 $f(\omega,\mu) = -\mu^T\omega$，假设投资组合中有 n 种资产，ω 为权重向量，均

值方差模型进行变形有：

$$\min_{\omega} \mathrm{CVaR}_{\beta}^{\mu}\left(-\mu^T \omega\right) + \lambda \omega^T Q \omega \qquad (6\text{-}16)$$

$$s.t. \sum_{i=1}^{n} \omega_i = 1$$

$$0 \leqslant \omega_i \leqslant 1, i = 1, 2, \ldots, n$$

其中，λ 为市场风险厌恶系数，ω_i 代表投资组合中第 i 只债券的权重，Q 为投资组合 n 维协方差矩阵，$\omega = (\omega_1, \omega_2, \ldots, \omega_n)^T$，假定 $\mu = \{\mu_1, \mu_2, \ldots, \mu_j\}$ 代表投资组合中各债券的期望收益向量，此时 μ 中既包括为债券购买 CDS 进行风险缓释的均值收益，也包括未利用 CDS 对债券进行风险缓释的均值收益，根据 4.3 节有：

$$\mu_j = \max\left(E\left(\widetilde{\Pi}_j\right), E\left(\widetilde{\Pi}_{j,\,\mathrm{CDS}}\right)\right) \qquad (6\text{-}17)$$

$$j = 1, 2, \ldots, n$$

根据 Rockafellar 和 Uryasev[34] 提出的方法，$\mathrm{CVaR}_{\beta}^{\mu}$ 值可通过如下函数计算获得：

$$F_{\beta}(\omega, \alpha) = \alpha + \frac{1}{1-\beta} \int_{\mu \in R^n} \left[-\mu^T \omega - \alpha\right]^+ p(\mu) \mathrm{d}\mu \qquad (6\text{-}18)$$

其中，$[t]^+ = \max\{0, t\}$，α 为投资组合的阈值即 VaR 值，β 是 CVaR 风险度量的置信水平。根据 CVaR 定义，假设 μ 的分布是连续的，$\mathrm{CVaR}_{\beta}^{\mu}$ 对任意的 ω 是凸的，且 $F_{\beta}(\omega, \alpha)$ 是凸且连续可微函数。因此，对于任意的 ω，$\mathrm{CVaR}_{\beta}^{\mu}\left(-\mu^T \omega\right)$ 有如下等式：

$$\mathrm{CVaR}_{\beta}^{\mu}\left(-\mu^T \omega\right) = \min_{\omega} F_{\beta}(\omega, \alpha) \qquad (6\text{-}19)$$

即：

$$\text{CVaR}_\beta^\mu\left(-\mu^T\omega\right) = \min_\alpha\left(\alpha + \frac{1}{1-\beta}E\left(\left[-\mu^T\omega-\alpha\right]^+\right)\right) \quad (6\text{-}20)$$

因此，目标函数可以转换成如下等式计算：

$$\min_\omega\left(\text{CVaR}_\beta^\mu\left(-\mu^T\omega\right)+\lambda\omega^TQ\omega\right) \equiv \min_{\omega\pounds\neg\alpha}\left(F_\beta(\omega,\alpha)+\lambda\omega^TQ\omega\right) \quad (6\text{-}21)$$

利用 CVaR 鲁棒求解最优投资组合，是根据置信水平 β 指定的较大平均损失情况的尾部来选择最优的投资组合，并通过调节置信度来控制投资组合的稳健性水平。与 min-max 鲁棒均值方差理论不同，CVaR 鲁棒理论认为，与其关注不确定集的最坏情况，不如由置信水平 β 指定的平均损失情况的尾部来确定最优投资组合。β 值对应投资者对风险的容忍度，当 $\beta \to 0$ 时，为投资组合中考虑了所有的平均损失情况，此时对最坏平均损失情况重视较低；当 $\beta \to 1$ 时，这表明投资者对风险的极度厌恶，投资组合主要考虑平均损失的极端场景，由此产生的最优投资组合往往更为稳健。

结合式（6-16）与（6-20），CVaR 鲁棒均值方差优化模型可转化为如下公式进行计算：

$$\min_{\omega,z,\alpha} \alpha + \frac{1}{m(1-\beta)}\sum_{i=1}^m z_i + \lambda\omega^TQ\omega \quad (6\text{-}22)$$

$$s.t. \sum_{i=1}^n \omega_i = 1$$

$$0 \leq \omega_i \leq 1, i = 1,2,\ldots,n$$

$$\mu_i^T\omega \geq R0$$

$$z_i \geq 0$$

$$z_i + \mu_i^T\omega + \alpha \geq 0, i = 1,\ldots\ldots m$$

6.3 仿真分析

本节基于前文对 CDS 价差、选择 CDS 保护模型、CVaR 鲁棒均值方差模型的研究，利用债券市场真实数据，借助 MatlabR2018a 软件对 CDS 价差、选择 CDS 保护策略和最优投资组进行仿真分析，并对结果进行说明。

6.3.1 债券选取

本文选取 2018-2020 年到期的三年期信用债为参考资产，共计五个信用等级 9 只债券，分别为 AAA 级别、AA+ 级别、AA 级别、AA- 级别和 A 级别的信用债，AAA 级别、AA+ 级别、AA 级别、AA- 级别分别选取两只具有代表性的债券，A 级别选取 1 只债券，这是因为 A 级别符合筛选条件的样本较少，数据难以获得。所选债券具体信息见表 6-3。

表 6-3 信用债基本信息

编 号	等 级	债券代码	信用债名称	票面利率
1	AAA	125680.SH	15 首集 01	4.16%
2	AAA	145076.SH	16 中民 F3	4.39%
3	AA+	114023.SZ	16 津租 02	5.2%
4	AA+	135399.SH	16 亿利 01	5.5%
5	AA	135483.SH	16 博融 01	6.3%
6	AA	112393.SZ	16 万维 01	6.5%
7	AA-	125768.SH	15 宏河矿	8.2%
8	AA-	125853.SH	15 宝信 01	8.9%
9	A	135202.SH	16 东江债	10.0%

6.3.2 双因子 CIR 模型的参数估计

为模拟违约强度的双因子 CIR 模型的随机过程，本文利用卡尔曼滤波方法对双因子 CIR 模型的参数进行估计，标的资产选取 2018-2020 年到期的三年期信用债。为使对市场风险环境的模拟更加贴合债券存续期内的市场环境，选取 2018 年 8 月 1 日到 2019 年 8 月 1 日的 253 天 AAA 级别、AA+ 级别、AA 级别、AA- 级别和 A 级别债券的即期收益率与相应的国债收益率对违约强度进行参数估计，具体估计过程见附录。估计所得的 CIR 参数结果见表 6-4。

表 6-4 双因子 CIR 模型参数估计结果

	债券信用等级	θ_i	k_i	σ_i	p_i
特殊因子参数	AAA	0.0027	0.4002	0.2636	0.4139
	AA+	0.0048	0.3852	0.2982	0.4024
	AA	0.0078	0.3974	0.3963	0.3801
	AA-	0.0193	0.1718	0.4495	0.1294
	A	0.0138	0.1563	0.5342	0.1034
共性因子参数	—	θ_c	k_c	σ_c	p_c
		0.0065	0.4779	0.0117	—

根据表 6-3 的参数估计结果可知，同一级别的两只债券共用一套 CIR 模型参数，各级别中两只不同债券的违约强度的差异是由违约强度初值决定。因此，需要利用卡尔曼滤波估计方法分别对每只债券的违约强度初值进行计算。本文选取 9 只债券的发行起始日起 20 天的时间序列数据，这是因为其包含了大部分债券发行之初的信息，通过计算得到各债券的违约强度初值见表 6-5。

表 6-5 债券违约强度初值

债券信用等级	信用债名称	特殊因子初值	共性因子初值
AAA	15 首集 01	0.0142	0.0067
	16 中民 F3	0.0216	
AA+	16 津租 02	0.0354	
	16 亿利 01	0.0373	
AA	16 博融 01	0.0483	
	16 万维 01	0.0515	
AA-	15 宏河矿	0.0870	
	15 宝信 01	0.0974	
A	16 东江债	0.0619	

6.3.3 考虑交易对手风险的 CDS 价差测算结果

在 2008 年金融危机发生之前，理论界对 CDS 定价研究均为考虑交易对手违约风险时假设交易对手信用完美，但金融危机发生证明这种假设并不合理。一旦金融市场或者经济环境出现动荡对实体经济造成一定的冲击，标的主体受到冲击出现违约或者破产将很可能将风险传导给其他金融机构，造成交易对手方违约率上升。如果不将这些情况纳入 CDS 定价的研究中，必然会导致 CDS 的定价结果虚高，与实际情况相违背。因此，应将考虑交易对手风险纳入 CDS 估值研究中，有效发挥 CDS 风险缓释和转移的作用。

根据 CDS 合约的定价原理与交易机制，CDS 合约将规定合约期限、保费支付频率、标的债券票面利率等变量值，但无风险利率、违约回收率以及交易对手违约概率是合约外变量，并不会反应在合约里，因此我们需要对市场的数据进行选取。

第6章 基于 CVaR 鲁棒均值-方差模型的债券投资组合优化研究

1. 违约回收率

违约回收率是指当违约事件发生时，投资者通过行使止赎权或者破产程序收回的金额，债券的回收率与发行主体的信用评级有关，债券发行主体信用评级越高，回收率也越高。穆迪公司对违约债券回收率的研究结果显示：违约债券的平均回收率在 20% 到 60% 内波动，并且回收率呈现出明显的周期性。根据 Jankowitsch 等的研究显示，1 个小级别的信用级别差异将会带来 1.1% 的回收率差异。因此，本文选取的 AAA 级别、AA+ 级别、AA 级别、AA- 级别和 A 级别的信用债，并分别设定回收率 0.7、0.6、0.6、0.6、0.5。

2. 无风险利率选取

我国的债券市场主要有国债收益率和央行票据收益率两天无风险收益曲线，央行票据收益率曲线期限较短，不适合作为本文的无风险收益率参照物。因此，本文选取 3 年期的国债收益率作为无风险利率。

3. 交易对手违约概率

考虑交易对手风险下 CDS 的定价研究，涉及到对交易对手关联违约问题的研究，目前学术界常用 Copula 函数描述变量间的相关性，进一步对联合违约概率进行计算，但因交易对手公司数据难以获取等原因，本文不将此研究作为重点。根据实际市场交易情况，交易对手方一般为信用状况良好的投资级公司。因此，根据实际市场状况与参考的文献，本文选取交易对手违约强度 $\lambda_B = 0.03$。假设交易对手违约服从泊松分布，根据 3-1 式可计算出 CDS 卖方的违约概率。

根据所获得的数据，在交易对手违约风险存在下，不考虑标的资产与交易对手的违约相关性，即 $\rho = 0$，CDS 的价差计算结果见表 6-6。

表 6-6　CDS 价差计算结果

编　号	等　级	债券代码	信用债名称	CDS 价差（bp）
1	AAA	125680.SH	15 首集 01	47.6126
2		145076.SH	16 中民 F3	55.5941
3	AA+	114023.SZ	16 津租 02	109.0474
4		135399.SH	16 亿利 01	117.4793
5	AA	135483.SH	16 博融 01	156.8579
6		112393.SH	16 万维 01	171.0877
7	AA-	125768.SH	15 宏河矿	254.7720
8		125853.SH	15 宝信 01	273.9893
9	A	135202.SH	16 东江债	301.7949

由上表可知，随着债券信用等级的降低，CDS 的价差也逐渐升高。一般来说，债券的信用等级高，违约风险越小，信用保护买方愿意支付较低的价格来获得对标的债券保护，反之，信用等级较低的债券违约风险较大，信用保护买方不得不支付较高的保费以获得对标的资产的保护。因此，上表所示对 CDS 价差测算结果符合实际。

6.3.4　不同交易对手违约强度对 CDS 价差的影响

在交易对手风险存在情况下，信用保护卖方的信用状况是影响 CDS 的价格主要因素之一。假定交易对手违约强度 λ_B 取（0，0.1），则在不同交易对手违约强度变化下，CDS 价差的变动情况如图 6-1 所示。

如图所示，在其他条件不变情况下，随着交易对手违约强度的增加，CDS 价差逐渐递减，这说明在 CDS 合约期限内交易对手违约风险的增加，使得标的资产一旦发生违约，信用保护卖方不能向信用保护买方支付赔偿的概率增加。因此，投资者愿意支付的保费就会降低。同时，交易对手违约风险的存在降低了 CDS 合约两部分的偿付，从而也降低了 CDS 价差。

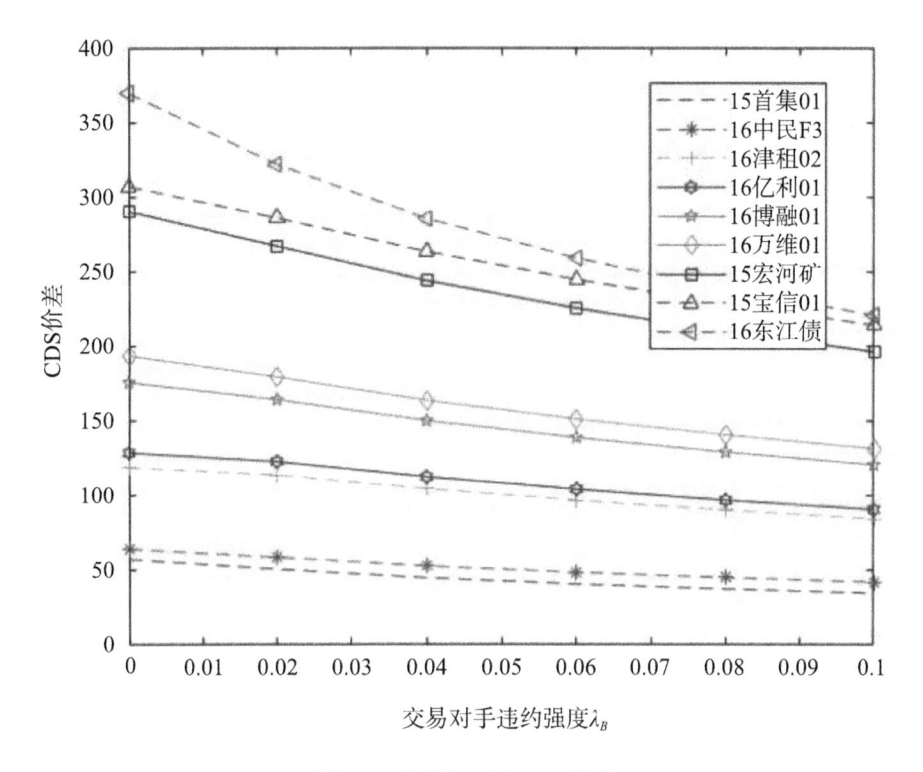

图 6-1　不同 λ_B 下 CDS 价差

6.3.5　不同 ρ 对 CDS 价差的影响

标的资产与交易对手（信用保护卖方）在受到相同的外界经济因素影响的情况下，两者发生违约事件具有一定的相关性，即当债券违约发生时，可能会触发交易对手的违约。标的资产与信用保护卖方之间违约相关性也是影响 CDS 定价的主要因素之一。其他假设不变的条件下，交易对手违约强度 $\lambda_B = 0.03$，信用保护卖方与标的资产的相关系数 ρ 在（−0.5，0.5）之间变动，则 CDS 价差随 ρ 变动的变化情况如图 6-2 所示。

如图所示，随着违约相关系数 ρ 的增加，CDS 价差逐渐降低。这是因为当交易对手违约与信用债违约正相关时，意味着相关系数越大的标的资产违约一旦发生，则交易对手违约概率也越大，投资者能够得到赔付的可能性越低，则愿意为 CDS 支出的保费就越低。若相关系数交易对手违约与信用债违约负相关，则意味着相关系数越大的参考资产一旦发生违约，交易对手违约概率越小。总之，投资者能够得到赔付的可能性越低，则愿意为 CDS 支出的保费就越低。

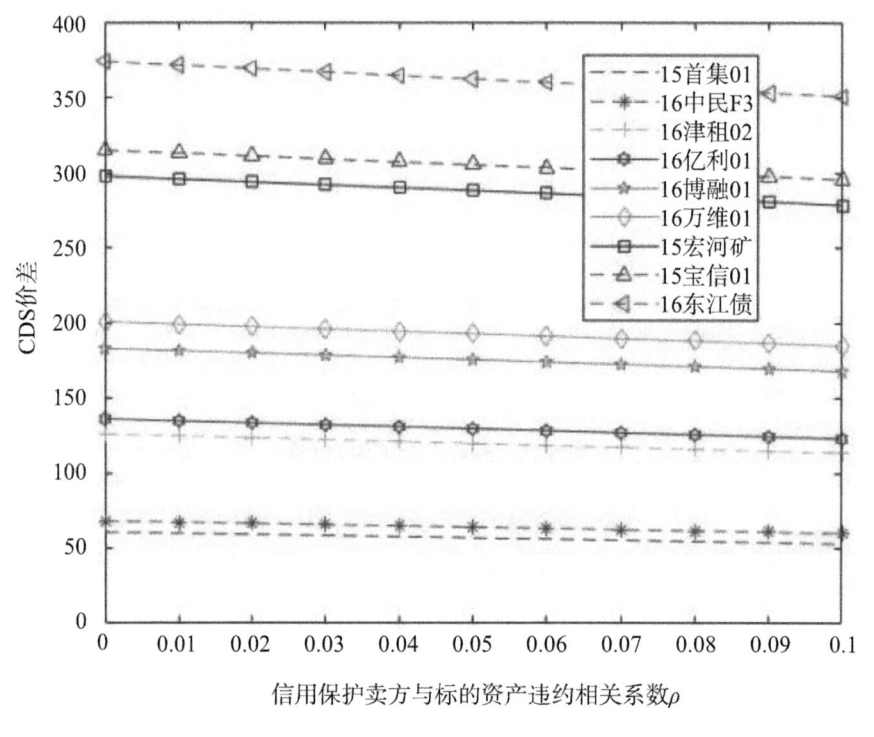

图 6-2 不同 ρ 下 CDS 价差

6.3.6　交易对手违约强度变化对投资者选择 CDS 保障信用债的影响

根据第三节模型可知，交易对手违约风险的存在会使得一些级别较高的债券在购买 CDS 后所得到的信用债随机收益小于未购买 CDS 的随机收益。因此，投资者在选择为信用债的违约风险进行缓释时，应该将交易对手违约风险纳入考虑范围。通常情况下，交易对手违约风险小于信用债的违约风险。本文假定交易对手违约强度 $\lambda_B \in (0, 0.1)$，信用保护卖方违约风险与信用债违约风险的违约相关性为 0，此时，交易对手违约强度的变化会引起投资组合中债券搭配 CDS 的变化，如图 6-3 所示。

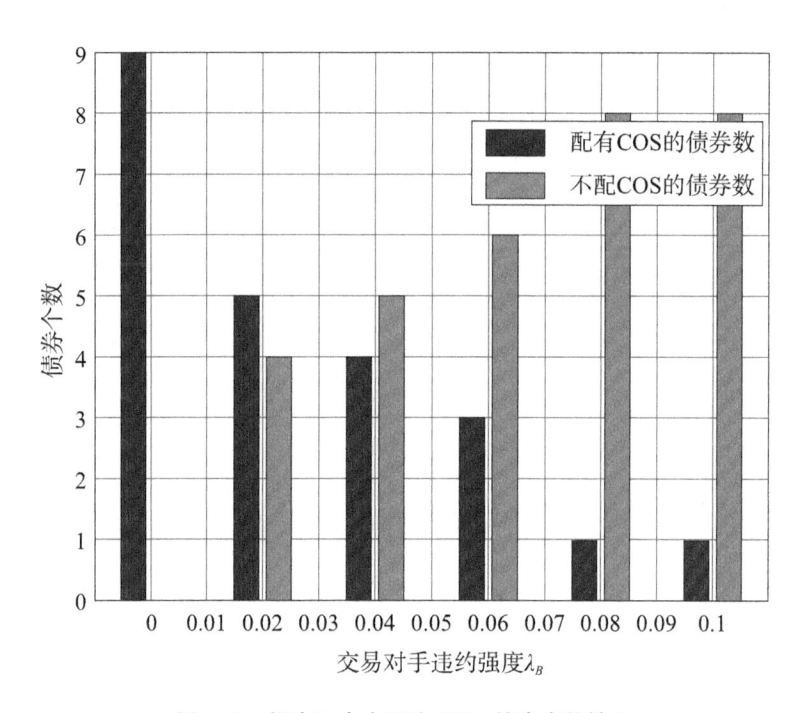

图 6-3 投资组合中配比 CDS 债券变化情况

如图所示，当交易对手违约强度逐渐增加时，CDS 价差逐渐降低；与此同时，若投资者为信用债搭配 CDS，交易对手违约概率的增加，使得信用债一旦发生违约，投资者所能获得赔偿的可能性降低，投资者购买债券的随机收益降低。当投资者购买 CDS 后所得到的随机收益小于未购买 CDS 的随机收益后，投资者将不会购买 CDS。因此，随着交易对手违约概率的增加，投资组合内投资者选择为信用债搭配 CDS 的个数减少。

6.3.7 债券投资组合优化仿真

本文采用 Monte Carlo 方法模拟债券违约概率存在的多种情景，得到 S 种可能情景下的债券违约概率，然后运用第三节得到的双因子 CIR 模型生成 S 次违约强度，并根据模拟的 S 次违约强度得出债券相应的违约概率，并最终根据债券的违约概率计算债券的加权随机收益。

由于 CDS 合约存在交易对手风险，降低了 CDS 的价差，同时也会使投资者承担的风险增加，从而降低投资者的期望收益。因此，投资者在为债券搭配 CDS 以缓释债券的信用风险时，可能会依据债券的信用等级对债券的 CDS 进行配比，从而降低投资者面临的风险，增加期望收益。

根据 4.3 节公式，通过对信用债配比 CDS 的随机收益进行对比，能够选择出投资组合中需要利用 CDS 保护的债券和不需要 CDS 保护的债券。在 $\beta=0.95$，交易对手违约强度 $\lambda_B=0.03$ 情况下，结合 CDS 缓释投资组合中债券的信用风险，配有 CDS 的债券随机收益与未配有 CDS 的债券随机收益见表 6-7。

表 6-7 各债券是否配有 CDS 的随机收益

信用等级	债券名称	配有 CDS 随机收益	无 CDS 随机收益
AAA 级	15 首集 01	0.0902	0.0944
	16 中民 F3	0.0930	0.0978
AA+ 级	16 合生 01	0.0951	0.0990
	16 亿利 01	0.0995	0.1030
AA 级	16 长虹 02	0.1047	0.1036
	16 万维 01	0.1043	0.1012
AA- 级	16 神雾债	0.1129	0.0988
	15 宝信 01	0.1217	0.1067
A 级	15 华容债	0.1409	0.1123

由表可知，当交易对手风险存在时，计算各债券利用 CDS 缓释信用风险的随机收益，投资组合中 AAA、AA+ 级别债券利用 CDS 缓释债券风险时的随机收益要低于未利用 CDS 缓释债券信用风险的收益，而 AA、AA-、A 级别债券利用 CDS 缓释债券的信用风险的随机收益高于未利用 CDS 缓释债券的信用风险。这是由于 AAA、AA+ 级别债券信用等级较高，债券发生违约的概率低，所以投资者购买该高等级债券面临的信用风险小，能够获得的风险加权收益较高，当为该级别债券配用 CDS 进行保护后，投资者须按照 CDS 合约按期向 CDS 卖方支付保费，但是由于该债券的违约风险较低，投资者购买 CDS 并不能起到很大的风险缓释作用，反而会给投资者带来交易对手违约的风险并因此承担损失保费的风险，从而使得投资者购买高级别债券的随机收益降低。相反，AA、AA-、A 这三个级别债券的信用等级较低，违约风险较大，收益较高。若投资者不购买 CDS 对其进行保护，则投资者本身会承担较大的信用风险，虽然购买 CDS 会为投资者带来一定的交易对手风险，但是同时也将所承担的信用风险转嫁给了 CDS 卖方。当债券违约发生时，CDS 卖方按照 CDS 合约规定向投资者进行赔偿。因此，低级别债券配比 CDS 后投资者的风险加权收益要高于不购买 CDS 的风险加权收益。

6.3.8 均值方差模型下最优投资组合

本节主要对全部利用 CDS 缓释债券信用风险的投资组合、全部未利用 CDS 缓释债券信用风险的投资组合、既包含 CDS 缓释债券信用风险也包含未利用 CDS 缓释债券信用风险的投资组合这三种投资组合在马科维茨的均值方差模型下最优结果进行对比。马科维茨的均值方差模型将投资组合的方差视为投资者面临的风险，该理论认为最优投资组合为在一定的风险水平下，投资者的期望收益最大，或者在一定的收益水平下，投资者面临的风险最小的投资组合。在考虑信用保护卖方违约存在情况下，假设

交易对手违约强度 $\lambda_B = 0.03$，标的资产与 CDS 卖方的违约相关系数 $\rho = 0$，如图 6-4 所示。

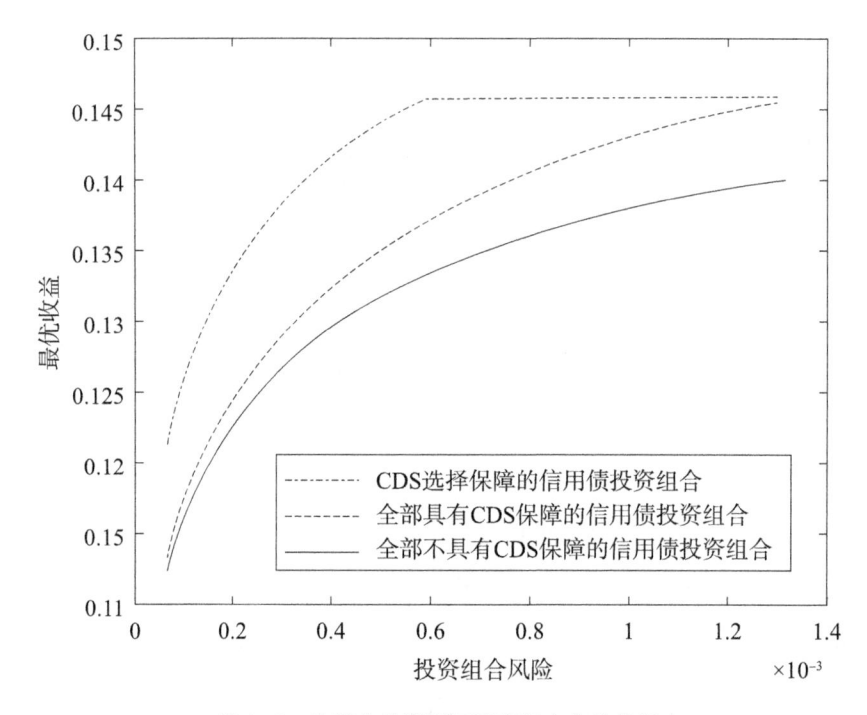

图 6-4　均值方差模型下投资组合有效前沿

由图 6-4 可知，在其他条件不变的情况下，随着投资组合风险增加，投资者的期望收益随之增加，图中三个投资组合均符合此规律，但是在同等风险下，CDS 选择性保障的信用债投资组合期望收益高于全部具有 CDS 保障的信用债投资组合的期望受益，也高于全部不具有 CDS 保障的信用债的投资组合的期望收益。这是由于，投资者为投资组合中的债券搭配 CDS，可以缓释债券的信用风险，一旦债券发生违约，CDS 卖方将会按照合约对投资者进行赔付。因此，有 CDS 保障的信用债的投资组合的期望收益最低，但是当交易对手风险存在即 CDS 卖方存在违约风险时，一旦债券发生违约将很有可能触发 CDS 卖方违约，CDS 卖方将不会履行合约内容对投资者进行赔付，此时，投资者不仅面临债券违约带来的损失，同时将损失前期支付给 CDS 卖方的保费。在交易对手违约风险存在情况下，CDS 选择性保障的信用债投资组合中级别较高的债券违约风险较低，可以不为其搭配 CDS，只为级别较低的债券搭配 CDS 缓释债券信用风险，从而减少投资者面临的风险。因此，CDS 选择性保障的信用债投资组合期望收益要高于全部具有 CDS 保障的信用债投资组合的期望受益。

6.3.9　基于 CVaR 鲁棒均值方差模型的投资组合最优策略

在既定的 $R0$ 下，对目标函数求最小值，可以同时得到投资组合的最小 CVaR 值、VaR 值以及投资组合的最优配比。理性投资者认为，一个合理的投资组合的投资回报至少应该可以达到无风险收益水平以上，甚至更多。本节主要研究投资者的目标收益变动以及置信水平 β 变动对，投资组合的最小 CVaR 值、最优收益变化情况以及最优投资组合权重配比的变化情况。

1. 不同 $R0$ 下 CVaR 鲁棒均值方差模型的三种最优投资组合对比

投资组合的目标收益率反映了投资者对未来收益的期待与认知，在对模型的参数进行设定时，期望收益率值设定越高，表明投资者对收益率的要求就越高，期望也越大，风险承受能力也相应越强。为符合理性投资者的实际情况，本文假定投资组合的目标收益率的设定应大于等于无风险收益率。

（1）具有 CDS 选择保障的债券投资组合

基于表 6–5 中对各债券的随机收益测算结果，选择不为 AAA 级别、AA+ 级别债券搭配 CDS，为 AA– 级别、AA 级别、A 级别搭配 CDS，构建投资组合。假定此时标的债券与信用保护卖方之间的违约相关系数 $\rho = 0$，变动投资者的目标收益 $R0$，则投资者的信用债的有效前沿图和配比图如图 6–5 所示。

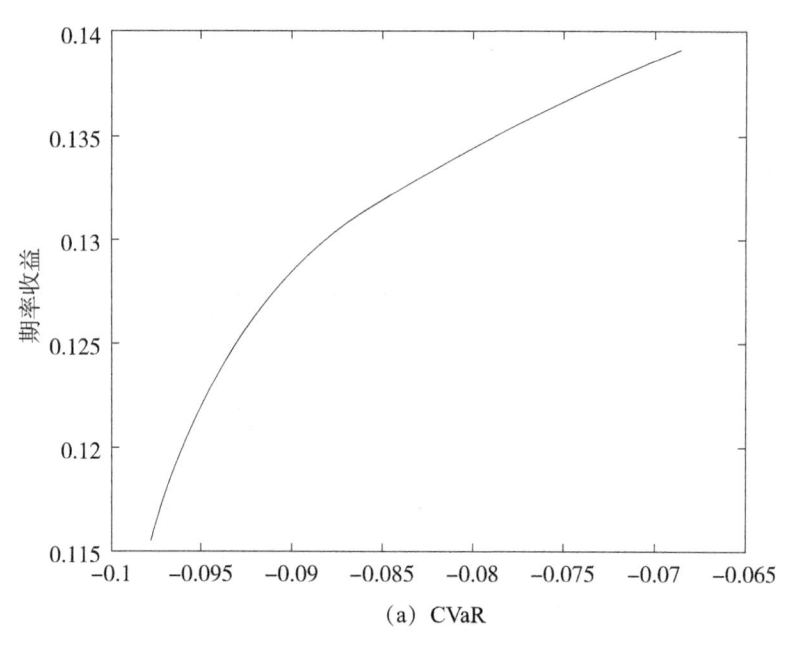

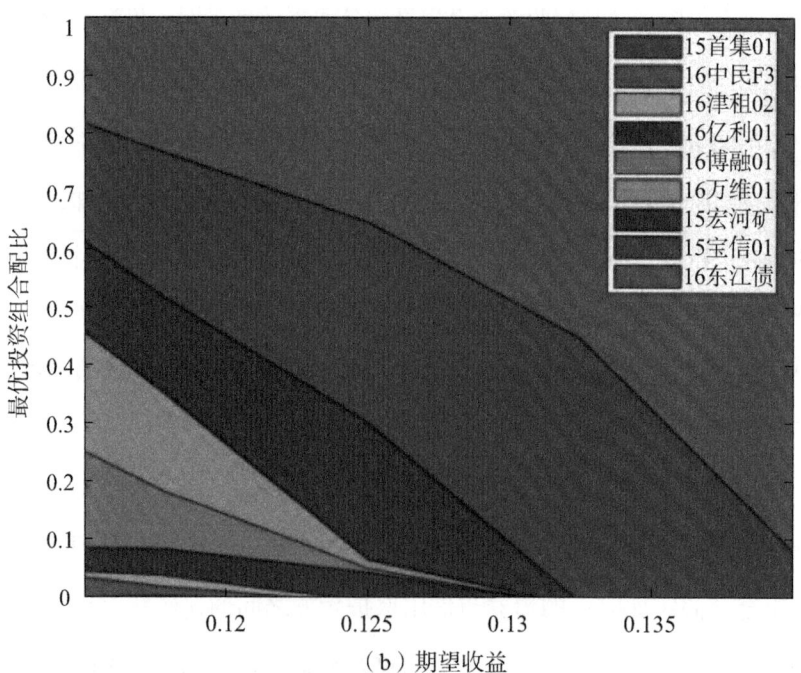

图 6-5 具有选择 CDS 保障的债券投资组合配比及有效前沿

第 6 章　基于 CVaR 鲁棒均值 – 方差模型的债券投资组合优化研究

由图 6-5（a）可以看出，随着投资组合 CVaR 值的增加，投资组合的期望收益随之增加。这是由于当投资者目标收益逐渐增加时，投资者倾向于选择评级较低、收益较高的债券进行配比。因此在图 6-5（b）中，随着期望收益的增加，投资组合配比逐渐变得单一，且最终选择 16 东江债进行配比。

（2）投资组合中为全部债券搭配 CDS

若为投资组合中全部债券搭配 CDS 缓释信用风险，则最优策略下投资组合的表现如图 6-6 所示。

与（1）类似，图 6-6（a）为投资组合中的所有债券搭配 CDS 缓释信用风险时，随着投资者期望的最小收益的逐渐增加，CVaR 值即投资者面临的风险也随之增加，CVaR 鲁棒均值方差模型下得到的最优收益也逐渐增加。图 6-6（b）中，随着最优收益的逐渐增加，投资者的投资偏好为逐渐选择收益高、风险大的债券进行配比，并最终逐渐趋向投资 16 东江债。

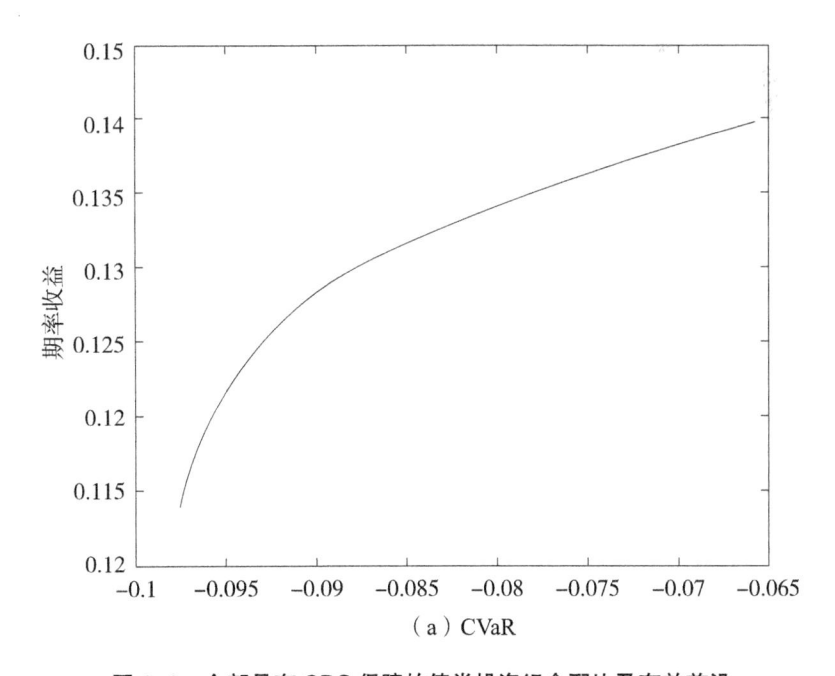

（a）CVaR

图 6-6　全部具有 CDS 保障的债券投资组合配比及有效前沿

(b) 期望收益

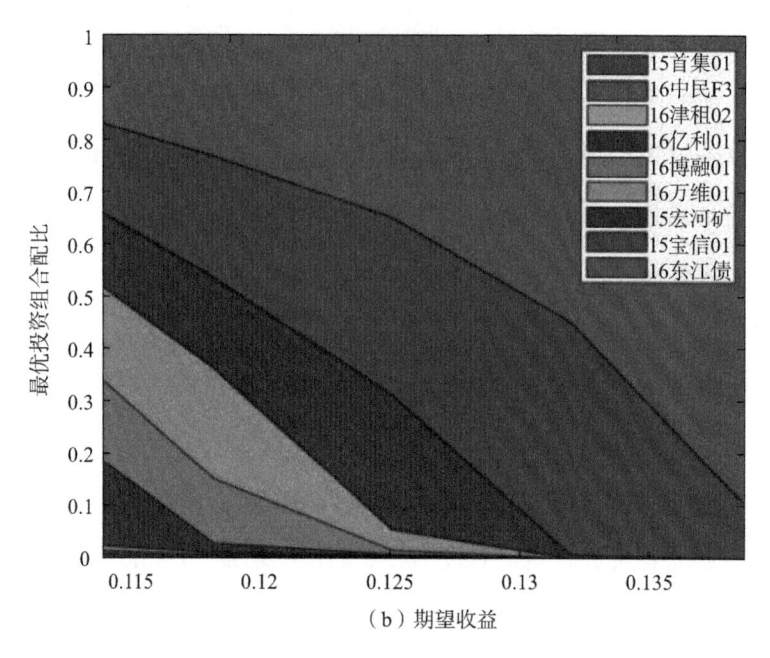

图 6-6　全部具有 CDS 保障的债券投资组合配比及有效前沿（续）

（3）投资组合中所有债券均未搭配 CDS

全部不具有 CDS 保障的债券投资组合配比及有效前沿如图 6-7 所示。

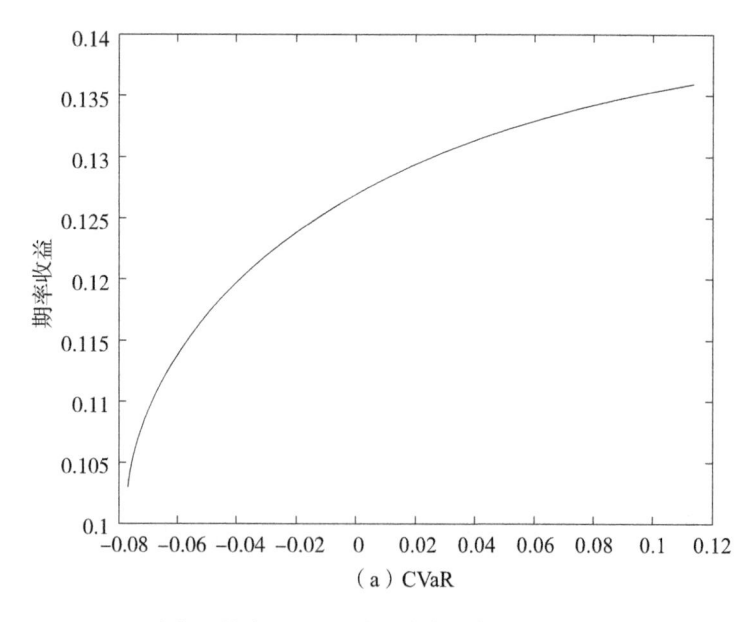

(a) CVaR

图 6-7　全部不具有 CDS 保障的债券投资组合配比及有效前沿

(b)期望收益

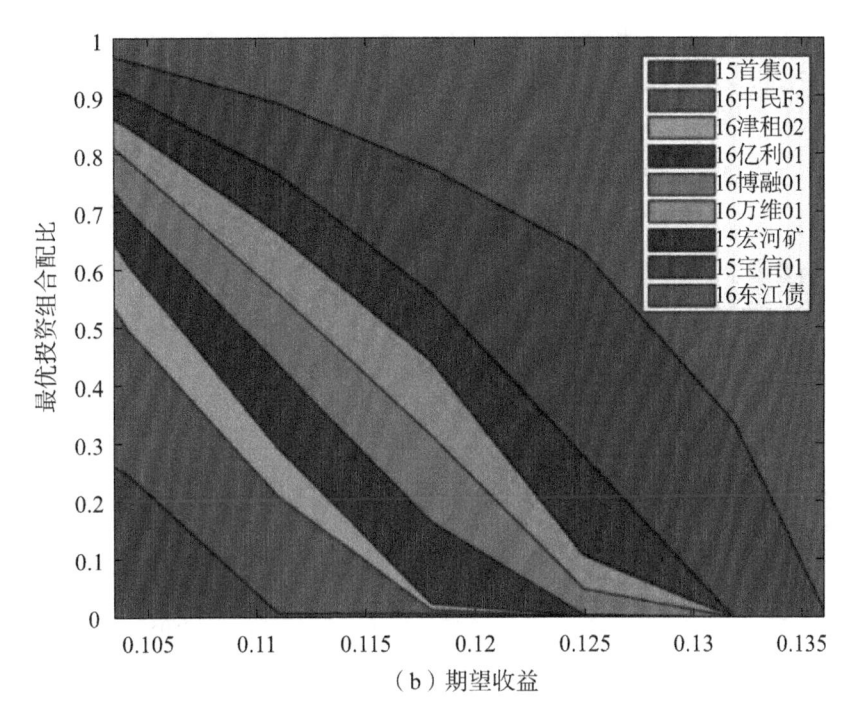

图 6-7　全部不具有 CDS 保障的债券投资组合配比及有效前沿（续）

由图 6-7 可以看出，随着 CVaR 值的逐渐增加，投资者投资组合的期望收益也逐渐增加。这是由于随着投资者的风险承受力的增加，投资者倾向于集中投资风险较高、收益率较高的债券。该投资组合中所有债券都未利用 CDS 缓释信用债的信用风险，一旦债券发生违约，投资者将面临较大损失。

对比（1）（2）（3）可以看出，（3）中投资组合的各债券配比权重较（1）（2）更为分散，这是由于投资者未选择利用 CDS 对债券进行风险缓释时，投资者面临较大的信用风险，投资者选择将自己的资金分散投资以降低所面临的信用风险。（2）（3）中，由于投资者利用 CDS 对投资组合中债券进行保护，当债券违约发生时，CDS 卖方会按照合约对投资者进行赔付，投资者会降低投资的分散度，倾向于投资风险大、收益高的债券。为更加直观地展示三种投资组合优劣,(1)(2)(3)投资组合在各目标收益下,投资者面临的风险和最优收益见表 6-8。

表 6-8 各投资组合最优收益与 CVaR 值

最小收益R0	不具有 CDS 保障的信用债投资组合		具有 CDS 保障的信用债投资组合		具有 CDS 选择保障的信用债投资组合	
	最优收益	最小 CVaR	最优收益	最小 CVaR	最优收益	最小 CVaR
0.09	0.103248	−0.077864	0.113680	−0.0974270	0.115565	−0.097574
0.097	0.103272	−0.077863	0.113662	−0.0974275	0.115573	−0.097576
0.104	0.104101	−0.077622	0.113788	−0.0974559	0.115590	−0.097575
0.111	0.111015	−0.068521	0.113857	−0.0974608	0.115608	−0.097581
0.118	0.118041	−0.049567	0.118114	−0.0967348	0.118352	−0.096859
0.125	0.125006	−0.014698	0.125045	−0.0932428	0.125050	−0.093539
0.132	0.132000	0.043049	0.132001	−0.0860039	0.132001	−0.086006
0.139	0.136370	0.117934	0.139000	−0.0686327	0.139000	−0.068635

上表为考虑交易对手风险存在的情况,即交易对手违约强度 $\lambda_B = 0.03$ 时,假设投资者希望投资组合能够取得的目标收益为 $R0$,其他条件不变下,CVaR 鲁棒均值方差模型下度量的三个投资组合最优收益随着投资者期望得到的最小收益的增加而增加,CVaR 值也随之增加。具有 CDS 选择性保障的信用债投资组合效果最好,在同样的预期收益下,可以使投资者获得更高的收益、更小的 CVaR 值。这说明,相较于全部具有 CDS 保护的信用债投资组合和全部不具有 CDS 保护的信用债投资组合,具有选择性 CDS 保护的信用债投资组合能够为投资者带来更大的效用。

2. 不同置信水平 β 对最优投资组合的影响

置信水平是 CVaR 风险度量理论的重要参数,置信水平的取值决定着 VaR、CVaR 计算结果的有效性,置信水平越高,损失超过 CVaR 的可能性越小。同时，CVaR 的取值也反映了投资者本身的风险偏好程度以及对风险的承受能力，置信水平越高，说明投资者风险偏好程度越低。

（1）不同置信水平 β 值对投资组合各资产权重的影响

为观察不同置信水平 β 下具有 CDS 选择性保护信用债的投资组合优化策略的表现，假定投资组合目标收益率 $R0 = 0.08$，β 由 0.1 变动至 1，投资组合中各债券的权重配比变化如图 6-8 所示。

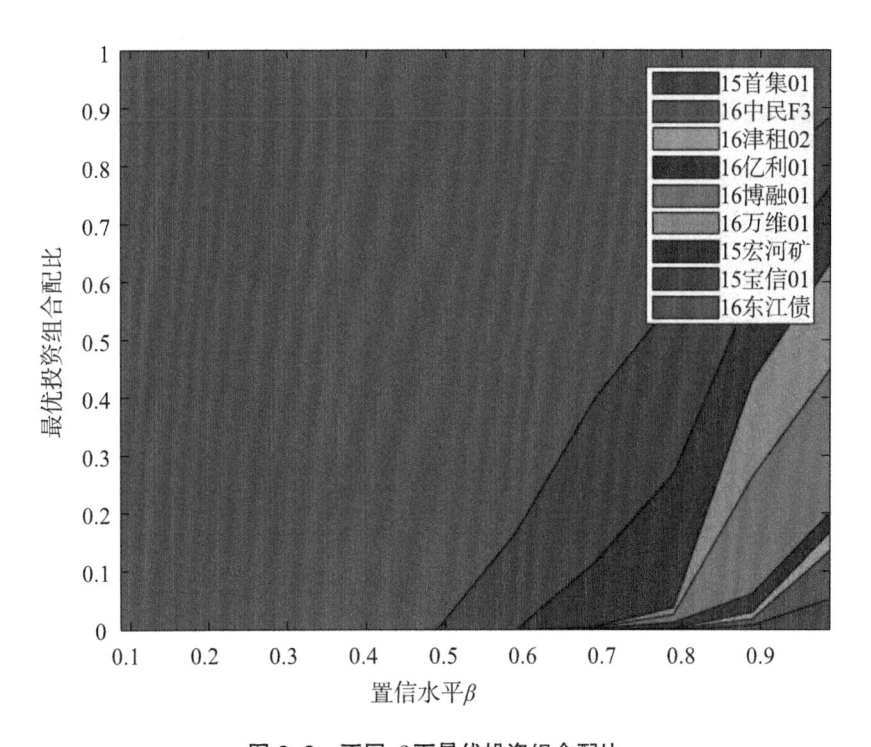

图 6-8 不同 β 下最优投资组合配比

图 6-8 表示，随着置信水平 β 的增加，投资者的风险承受力逐渐降低，对风险的厌恶程度逐渐增加。因此，投资者逐渐增加投资组合中债券的种类以分散风险。当 $\beta \in [0.1, 0.5]$ 时，投资者风险承受力较高，此时投资者倾向于将资金集中投资 16 东江债，以获得较高收益；当 $\beta \in [0.5, 1]$ 时，随

着 β 值的增加，投资者逐渐减少低信用等级债券的配比，增加投资组合中其他级别债券的投资。

（2）不同置信水平 β 值对 CVaR 影响

由 CVaR 定义可知，置信水平为投资组合中损失超过 VaR 值的概率。因此，置信水平 β 变动对投资组合的 CVaR 有一定影响。

如图 6-9 所示，在其他条件不变情况下，随着置信水平 β 的增加，投资组合的 CVaR 鲁棒均值方差模型的最小 CVaR 值随置信水平的增加而增加。

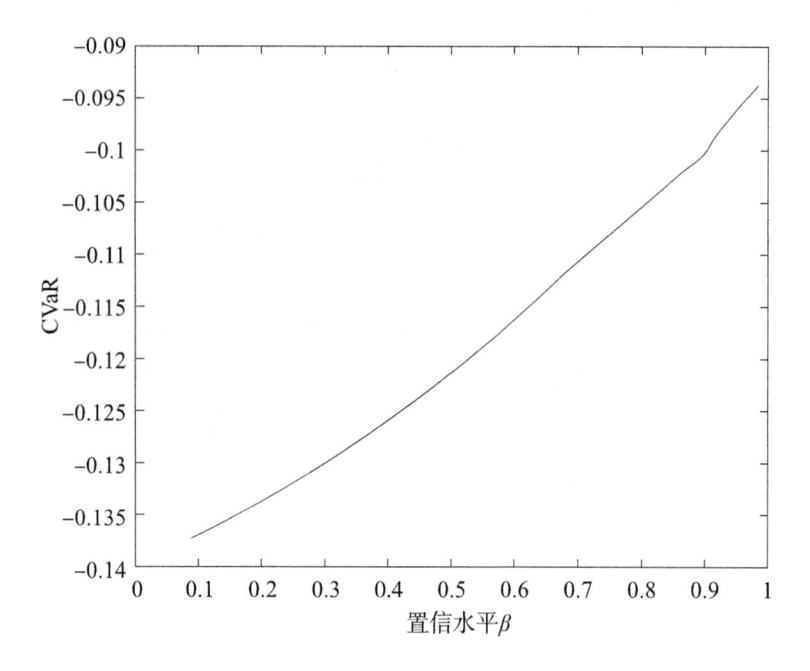

图 6-9　不同 β 值下最优投资组合 CVaR 值

根据图 6-9 可知，β 在 0.5 到 1 之间变动时，最优投资组合中对各债券的配比保持不变且仅为 16 东江债。因此，当 $\beta \in [0.5, 1]$ 时，CVaR 鲁棒均值方差优化策略下最优投资组合的 CVaR 值与 VaR 值见表 6-9 所示。

表 6-9 不同 β 下的 CVaR、VaR 值

β	0.5	0.6	0.7	0.8	0.9	1
VaR	−0.1486	−0.1391	−0.1270	−0.1173	−0.1060	−0.0948
CVaR	−0.1218	−0.1165	−0.1110	−0.1056	−0.1009	−0.0930

由上表可以得出结论：在其他条件不变情况下，随着 β 值增加，投资组合的 CVaR 值和 VaR 值也随之增加，且投资组合的 CVaR 值大于 VaR 值，这表示 CVaR 的风险测量方法较 VaR 更为保守。

3. 不同置信水平 β 值对投资组合最优收益影响

根据图 6-8 可知，β 在 0.1 到 0.5 之间变动时，投资组合中资产构成较为单一，投资者仅购买 16 东江债，以下分析 β 在 0.5 到 1 之间变动时，投资组合最优收益的变化情况。

如表 6-10 所示，当置信水平 β 由 0.5 变动到 1，投资组合的最优收益随 β 的增加而降低，这是由于 β 增加代表投资者风险承受力逐渐下降，投资者不再只购买风险大、收益高的债券，而是逐渐增加风险小、收益低的债券比重，通过分散投资来降低投资组合风险。因此，随着 β 的增加，投资组合的最优收益逐渐降低。

表 6-10 不同 β 值下投资组合最优收益

β	0.5	0.6	0.7	0.8	0.9	1
最优收益	0.14078	0.14074	0.1320	0.1271	0.1168	0.1107

6.3.10 夏普比率对比分析

马科维茨的均值方差理论虽然本身较为完善，但是该模型中的最优投资组合指的是一定风险水平下收益最大，或一定收益水平下风险最小的资

产组合。可以看出，均值-方差模型并没有将风险与收益两者结合起来考虑。因此，后继学者提出了许多的投资组合优化方法对其缺陷进行改进。采用CVaR鲁棒均值方差模型计算最优投资组合不仅综合考虑风险与收益，还通过考虑平均收益较差的情况下的尾部均值，具有较好的稳健性。为了进一步体现 CVaR 鲁棒均值方差模型的优越性，本节分别计算均值方差模型下最优投资组合的夏普比率和 CVaR 鲁棒均值方差模型最优投资组合的夏普比率值，并将结果进行对比，以观察两种模型的优劣。

夏普比率 Sp 是一个可以将风险与收益加以综合考虑的指标，计算投资组合每多承受一单位总风险，会产生多少超额报酬。夏普率越高，投资组合单位风险所获得的回报就越高，说明投资组合越佳，夏普比率计算公式如下：

$$Sp = \frac{E(\mu^T \omega) - r_f}{\sqrt{\text{var}(\mu^T \omega)}}$$

前文分别对均值方差模型的最优投资组合期望收益与 CVaR 鲁棒均值方差模型的最优投资组合期望收益分别进行计算，得到了最优的资产权重配比值。在本节中选取国债的即期收益率作为无风险利率 r_f，上述两个模型的夏普比率对比如图 6-10 所示。

由图可知，在其他条件不变情况下，CVaR 鲁棒均值方差模型下投资组合的夏普比率高于马科维茨的均值方差模型的夏普比率，且两种模型的夏普比率随投资者厌恶程度的增加而增加，这说明，当投资者每承担一单位的风险时，CVaR 鲁棒均值方差模型下计算的期望收益要高于均值方差模型下的期望收益，与均值方差模型相比，CVaR 鲁棒均值方差模型更具有优越性。

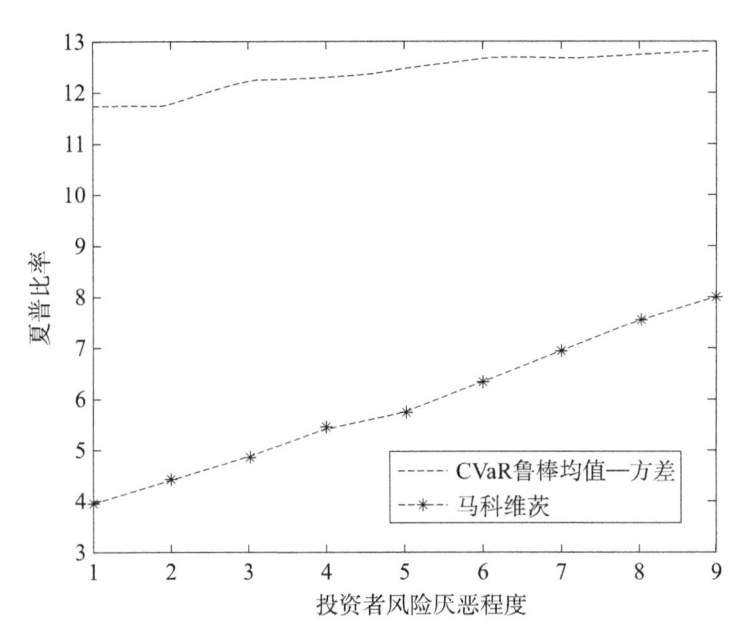

图 6-10　风险厌恶程度相同下两种优化模型夏普率

6.4　研究结论及未来展望

6.4.1　研究结论

CDS 为投资者进行有效信用风险管理提供了可能，但存在 CDS 交易对手信息不对称等问题，在转移信用风险的同时也带来了交易对手风险。随着信用衍生品市场的快速发展，投资者也越来越关注由交易对手带来的风险。

本文在单边交易对手风险调整下，基于投资者利用 CDS 对债券信用风险进行缓释的假定，站在投资者的角度，首先在简约模型下对债券的违约概率进行计算，利用双因子 CIR 模型刻画债券的违约强度，并使用卡尔曼滤波方法及市场真实数据对双因子 CIR 模型参数进行估计。其次，基于参数估计结果，运用 Monte Carlo 模拟方法模拟 N 种不同场景下债券的违约过程，并进一步构建考虑交易对手风险的 CDS 估值模型。再次，按照债券违约的可能性划分不同时刻，分别计算具有 CDS 保护的债券的随机收益和不具有 CDS 保护的债券的随机收益，并在此基础上，构建选择 CDS 保护模型，为投资者是否应该为信用债搭配 CDS 以缓释信用风险提供参考。最后，基于 CVaR 鲁棒均值方差优化策略，得到最优投资组合，并选取五个不同信用级别的九只债券进行仿真分析，得出如下结论。

第一，单边交易对手违约风险存在情况下，交易对手风险对 CDS 合约价差影响较大，考虑交易对手违约风险的 CDS 合约价差小于卖方信用完美假设下 CDS 合约的价差，且 CDS 价差随着信用保护卖方违约强度的增加而降低。这意味着交易对手违约强度越大，当标的资产违约发生时，信用保护卖方按照 CDS 合约内容对信用保护买方履行赔付的可能性就越低，此时，投资者愿意向信用保护卖方支付的保费就越少。

第二，当交易对手风险存在时，投资者购买 CDS 虽能将债券信用风险转移出去，但 CDS 本身存在的信用风险又为投资者带来了交易对手风险，对投资者的收益产生一定影响。因此，本文构建选择 CDS 保护模型。结论显示：信用等级较高的债券可不利用 CDS 对其进行保护，而信用等级较低的信用债，应为其搭配 CDS 进行保护。

第三，本文构建了三种债券投资组合，分别为：所有债券均利用 CDS 缓释风险的投资组合、所有债券均未利用 CDS 缓释信用风险的投资组合、债券选择性利用 CDS 缓释信用风险的投资组合，并基于 CVaR 鲁棒均值方差优化策略，分别对这三个投资组合进行优化。结果表明：（1）不同的目标收益率下，具有选择性 CDS 保护的最优投资组合表现优于其他两种投资组合；（2）置信水平对最优投资组合有着重要影响，随着 beta 值的增加，最优投资组合的 VaR 值和 CVaR 值均随之增加。

第四，为了验证 CVaR 鲁棒均值方差优化策略的优越性，对于同一风险厌恶程度的投资者，分别计算马科维茨均值方差模型下最优投资组合的夏普率与 CVaR 鲁棒均值方差模型下的最优投资组合夏普率。结果表明：CVaR 鲁棒均值方差优化策略优于均值方差优化策略，且二者的夏普率值均随风险厌恶程度增加而增加。

6.4.2 未来展望

由于时间、能力、数据等多种因素的限制，本文研究存在不足之处，因此存在进一步研究空间，主要表现在以下两个方面。

第一，本文仅假定债券的违约发生在不同时间段，并未将交易对手的违约情况按照发生时间进行讨论，且为方便计算，假设信用保护卖方与标的资产之间的违约相关性为零。在后续研究中，可以将不同时间段内交易对手的违约情况纳入研究中，并利用市场真实数据对交易对手违约概率、标的资产与信用保护卖方的联合违约概率进行计算。

第二，本文仅考虑单边交易对手违约调整下，对 CDS 价差和单只债券的随机收益进行测算，构建选择性 CDS 保护模型，讨论投资者应该为哪些债券搭配 CDS 缓释风险，并未考虑信用保护买方违约可能性。在下一步研究中，可将信用保护买方违约风险纳入研究，考虑双边交易对手风险调整下，综合权衡信用保护买方和信用保护卖方的期望收益，讨论信用保护买方应何时、为何种债券搭配 CDS 缓释风险，信用保护卖方应在何时、为何种债券提供 CDS 保护，为市场参与者提供借鉴。

第 7 章 极端市场利率风险下考虑交易对手风险的债券投资组合优化策略研究

7.1 违约损失测度

本文将债券违约模式下的预期损失定义为，如果发行人破产，债券持有人可能招致的平均损失。由于违约概率估计是基于1年的持有期，预期损失也在1年期间。在实践中，发行人实际上可能在一年期限内的任何时间违约。债券投资组合经理预期在不久的将来违约时，通常对最坏的损失情况感兴趣。本文使用1年间的违约概率来量化最坏情况下的损失，这意味着，人们可以使用债券的当前交易价格而不是其1年远期价格来量化信用风险。投资组合经理的目标是管理相对于基准的相对风险，因此将1年的违约概率与当前交易价格结合使用不会使相对风险估计值产生偏差。

7.1.1 债券折现计算

由于到期收益率是指使债券现金流的现值等于其发债价格的利率，债券的价格和收益率的关系如下等式表示：

$$P_c = \sum_{i=1}^{N} \frac{Cf_i}{(1+y/n)^{nt_i}} \quad (7-1)$$

在上式中，Cf_i 为 t_i 时刻的现金流量，n 为每年的付息次数，y 为当期收益率，P_c 即为债券的折现价格。当债券配有相应的 CRMW 时，现金流 Cf_i 即表示标的债券与 CRMW 票面利率之差折现后的现金流。

7.1.2 违约损失测算

已知债券的违约是一个随机变量，如果发行人违约，债券价格将等于

其回收率 R，如果发行人不违约，债券可以以当前的价格 P 出售。在这个违约模式框架中，风险债券的价格可以写成

$$P_{\text{risk}} = P_S(t,T) * P_c + P_D(t,T) * P_c * R \quad (7-2)$$

不同违约情况下的债券价格如表 7-1 所示。

表 7-1 不同违约情况下的债券价格

	发生概率	不具有 CRMW 保障的单只信用债价格
不违约	$P_S(t,T)$	P_c
违约	$P_D(t,T)$	$P_c * R$

为了量化信用损失，损失的变化为持有公司债券所造成的风险加权的信用损失 L，即

$$L = P_c - P_{\text{risk}} \quad (7-3)$$

当考虑交易对手违约情况时，信用保护卖方的违约和标的资产一样，同样是服从泊松分布的随机过程，如下式所示，P_{CS} 是交易对手方（信用保护卖方）在时间 t 的风险中性违约概率，假设信用保护卖方的违约强度为 λ_c，则信用保护卖方的违约概率服从如下分布函数

$$P_{CS}(t,T) = 1 - e^{-\int_0^t \lambda_c(s)\mathrm{d}s} \quad (7-4)$$

假设在 CRMW 交易的过程中，信用保护买方不发生违约，仅考虑标的资产与交易对手方违约，则在 CRMW 合约履行的过程中，标的资产与 CRMW 卖方的违约情况由以下四种情况构成一个完备事件组。

（1）在整个合约期内，标的资产与信用保护卖方均没有发生违约，即在合约到期时，信用保护买方依照合同规定向信用保护卖方支付相应的费用；这时的债券 +CRMW 的价格为 P_c，且该情况下的总体违约概率为

$$P_1 = P_S(t,T) * P_{CS}(t,T) \quad (7-5)$$

（2）在合约期内，标的债券违约，而信用保护卖方没有违约：此时债券的违约时刻下，CRMW 卖方按合约支付给买方剩余的收益，而买方支付给卖方相应的费用，这时债券 + CRMW 的当前价格依然为 P_c，且该情况下的总体违约概率为

$$P_2 = [1 - P_S(t,T)] * P_{CS}(t,T) \qquad (7-6)$$

（3）在合约期内，标的债券没有发生违约，而信用保护卖方违约：这时信用保护卖方终止合约，买方不再支付给卖方相应的交易费用，而按债券期限获得了收益。这时债券 + CRMW 的价格为 P_c，且该情况下的总体违约概率为

$$P_3 = P_S(t,T) * [1 - P_S(t,T)] \qquad (7-7)$$

（4）在合约期内，标的债券和信用保护卖方均发生了违约：这时投资者只得到了生存期内的利息，也没有得到信用保护卖方相应的赔付费用，这时的债券 +CRMW 的价格为 R，且该情况下的总体违约概率为

$$P_4 = [1 - P_S(t,T)] * [1 - P_S(t,T)] \qquad (7-8)$$

不同交易对手违约情况下的债券价格如表 7-2 所示。

表 7-2 不同交易对手违约情况下的债券价格

	发生概率	具有 CRMW 保障的单只信用债价格
均不违约	$P_S(t,T) * P_{CS}(t,T)$	P_c
均违约	$[1 - P_S(t,T)] * [1 - P_S(t,T)]$	R
标的资产违约，信用保护卖方不违约	$[1 - P_S(t,T)] * P_{CS}(t,T)$	P_c
标的资产不违约，信用保护卖方违约	$P_S(t,T) * [1 - P_S(t,T)]$	P_c

由表 7-2 可知，当考虑交易对手信用风险时，

$$L_C = [P_S(t,T) * P_{CS}(t,T)] * P_C + [1 - P_S(t,T)] * [1 - P_S(t,T)] * R +$$

$$[1 - P_S(t,T)] * P_{CS}(t,T) * P_C + P_S(t,T) * [1 - P_S(t,T)] * P_C \qquad (7-9)$$

7.2 市场风险测度

在管理债券投资组合的情况下，风险的主要来源是利率的变化或债券发行者违约概率的变化。由于债券发行者违约概率的变化而产生的价格风险通常被归为信用风险，而由于利率和汇率的变化而产生的价格风险则被归为市场风险。如果投资组合和基准对影响公司债券价格动态的各种风险因素有不同的敞口，那么投资组合的收益和基准的收益就会彼此偏离。显然，投资组合经理的工作是在偏离基准中性头寸时挖掘上行潜力，同时控制下行风险。考虑到控制下行风险的先决条件是能够衡量相对于基准的风险敞口，在这个过程中，实施适当的风险模型是合乎逻辑的第一步。在本章中，我们首先讨论可以用来量化利率风险的不同措施。随后，我们开发了一个风险模型，可以用来量化公司债券投资组合相对于基准的市场风险。

在本节中，我们将讨论各种风险度量，这些风险度量通常用于量化债务工具对利率曲线变化的价格敏感性。本节将讨论利率变化对提供未来现金流的证券价格的影响，因为这些证券的现值是未来现金流的折现值，利率的变化会改变用于现金流的适当折扣，因此证券的价格发生了变化。在某些情况下，利率的变化会改变现金流本身。

本节讨论利率变化对提供现金流的证券价格的影响。因为这些证券的现值是未来现金流的折现值，利率的变化会改变用于现金流的适当折扣。

一般来说，利率的变动会直接导致公司资产价值的变化：利率上升时，公司证券价格会下降，反之利率下降时公司证券价格会上升。因此，需要对债券的利率风险进行测量和防范。在某些情况下，利率的变化会改变现金流本身。本节将讨论常用来量化利率曲线变化的价格敏感性的各种风险度量工具。

7.2.1 久期

任何提供未来现金流的证券的价格都取决于当前利率的期限结构。利率期限结构的变化导致利率依赖型证券价格的变化。因此，提供未来现金流的公司债券的价格对利率期限结构的变化很敏感。通常把利率的期限结构简单地称为收益率曲线。债券的价格敏感性通常是收益率曲线形状变化的函数。

为了衡量价格对收益率曲线平行移动的敏感性，最常用的风险度量即为久期。简单地说，久期的概念是债券价格在收益率曲线平行移动100个基点时的百分比变化，假设债券的现金流在收益率曲线移动时不变。在数学上，修正期限的定义是：在到期收益率变化100个基点的情况下，价格变化百分比的负数，即

$$D = -\frac{1}{P_C} * \frac{dP_C}{dy} \qquad (7\text{--}10)$$

式中 P_C 是债券折现后的现值，考虑到期收益率是使债券现金流的现值等于其价格的利率，债券的价格 – 收益关系为

$$P_c = \sum_{i=1}^{N} \frac{Cf_i}{(1+y/n)^{nt_i}} \qquad (7\text{--}11)$$

7.2.2 凸性

为了估计由于收益率曲线平行移动引起的价格变化,修正的持续时间提供了一个合理的近似值。然而,当收益率曲线移动较大时,修正的持续时间不能提供一个很好的价格变化的近似值。这是因为价格收益关系是非线性的,如公式(3-1)所示。此外,修改的持续时间只捕获了这个非线性函数的泰勒级数展开中的一阶项的影响,包括泰勒级数展开的高阶项可以提供一个改进的价格变化的估计,由收益率曲线的移动。通常的做法是包括二阶项,它被称为凸性。凸性抓住了价格-收益关系的曲率特征,在数学术语中,它被定义为

$$C = \frac{1}{P_C} * \frac{\mathrm{d}^2 P_C}{\mathrm{d}y^2} \qquad (7-12)$$

7.2.3 估计价格变化

这两种风险度量-修正的久期和凸性提供了一个很好的债券价格变化的近似值,这种变化是由债券到期日的收益率变化引起的。这两种方法都被广泛应用于债券投资组合管理,以控制利率风险。例如,使用修正的期限和凸性度量,可以得到由于到期收益率变化而引起的债券价格的近似变化,变化量为Δy:

$$\Delta P = -P_C * D * \Delta y + 0.5 * P_C * \Delta y^2 \qquad (7-13)$$

值得注意的是,修正的持续时间和凸性都为债券的价格-收益关系提供了局部近似。因此,当收益率变化很大时,用上述公式估计的价格变化可能不是很准确。然而,为了建模利率风险,这些局部近似通常是好的,因为市场驱动的收益率变化通常不是很大(通常小于50个基点)。

7.2.4 利率风险测度

上一节中定义的投资组合总风险度量提供了因收益率变化而产生的价格风险的近似度量。然而，重要的是要认识到，这些风险度量是在隐含的假设下得出的，即投资组合中每种债券的收益率都会发生相同的变化。在这种假设下，每一条曲线形状变化被限制为平行位移。请注意，平均收益率曲线是通过插值不同期限债券的有效收益率而获得的收益率曲线。投资组合持续时间和投资组合凸度在多大程度上捕获了收益率变化引起的市场风险，这取决于收益率曲线的平行移动在多大程度上代表了收益率曲线形状的变化。

为了研究平行位移是否解释了产量曲线形状变化的显著比例，人们可以使用历史数据检查平行位移解释的产量曲线可变性比例。如果收益率曲线的变化主要是平行变化，那么不同到期日的收益率变化应该是完全相关的。然而，经验证据表明，不同到期日的收益率变化只有很强的相关性，但并不完全相同，因此得出的结论是，平行变化并不能完全模拟收益率曲线的动态。当然，不同到期日的收益率变化具有强相关性的证据表明，收益率曲线形状的变化可以用相对较少的因素来解释。识别这些因素的一种方法是对产量变化的样本协方差矩阵进行主成分分解。这使得我们能够识别那些能够解释样本数据中总方差很大一部分的因素。简单来说，主成分分解是指通过原始随机变量的线性组合来构造新随机变量的过程，其主要目标是实现数据简化。在本例中，这些随机变量对应于每一条收益曲线的不同到期日的产量变化。

我们可以得出结论，两个主要成分，即水平位移和扭曲（收益率曲线变平或变陡），足以解释收益率曲线历史变化的很大一部分。基于这一证据，我们仅使用两个因素来建模收益率曲线风险。

第7章 极端市场利率风险下考虑交易对手风险的债券投资组合优化策略研究

在本节中,将重点开发一个市场风险模型来衡量投资组合相对于基准的市场风险敞口。考虑到风险模型的关键功能是识别投资组合和基准回报之间不匹配的来源,所以第一步是选择一组驱动证券回报的风险因素。对于公司债券投资组合,市场风险因素的一个明显选择是与投资组合和基准相关的所有市场的收益率曲线形状变化。之前指出,两个风险因素通常足以解释收益率曲线形状变化的很大一部分,由这两个因素建模的风险组成部分通常称为系统风险。在开发市场风险模型时,我们将注意力限制在仅对系统风险进行建模,并使用每周时间序列数据,以在投资组合中持有特定公司名称而产生的发行人特定风险在信用风险下建模。

任何市场风险模型都有一个共同的基本假设,即历史风险因素的实现可以很好地近似描述未来风险因素的分布。在此假设下,利用相关市场风险因素的历史波动性和相关性计算出的协方差矩阵是一个合适的风险模型。笔者将在本节中说明如何构建这样一个市场风险模型。在论证了两个风险因素足以为掉期曲线的变化建模之后,首先说明如何估计任何给定收益率曲线的平移和扭曲风险因素。

$y_i^k(t)$ 表示 t 时刻债券的票面收益率,其中 i 表示期限,k 为所考虑的特定债券的收益率曲线。为了一致性,假设指数 i 在每条收益率曲线上的运行区间为 1 到 n。第 k 条收益率曲线上第 i 个到期点的周收益率变化时间序列为

$$\Delta y_i^k(t) = y_i^k(t) - y_i^k(t-1), \ i=1...n \qquad (7-14)$$

早期的分析表明,这些利率的变化可以用位移分量和扭转分量建模。例如,如果以 Δs=10 个基点作为所有到期日的平移分量,则 Δt 即为使收益率曲线变平相对应的扭曲分量,那么收益率变化(假设以基点为单位)可以表示为

$$\Delta y_i^k(t) = a_t^k * \Delta s + b_t^k * \Delta t + \mathrm{e}_i^k, \quad i=1...n \qquad (7-15)$$

上式中 a_t^k 和 b_t^k 分别为平行分量和扭曲分量两种风险因子的系数，为了确定这些系数，我们需要最小化残差平方和 e_i^k, $i=1...n$，由此两系数的初值表示如下

$$a_t^k = \frac{\left(\sum_{i=1}^n \Delta t_i^2 \sum_{i=1}^n \Delta y_i^k - \sum_{i=1}^n \Delta t_i \sum_{i=1}^n \Delta y_i^k\right)}{\left(n\sum_{i=1}^n \Delta t_i^2 - \left(\sum_{i=1}^n \Delta t_i\right)^2\right)} \qquad (7-16)$$

$$b_t^k = \frac{\left(n\sum_{i=1}^n \Delta t_i \Delta y_i^k - \sum_{i=1}^n \Delta t_i \sum_{i=1}^n y_i^k\right)}{\left(n\sum_{i=1}^n \Delta t_i^2 - \left(\sum_{i=1}^n \Delta t_i\right)^2\right)} \qquad (7-17)$$

给定风险模型（或相当于风险因素协方差矩阵），可以计算投资组合相对于基准的跟踪误差，该误差是由市场风险因素敞口的不匹配引起的。作为一个先决条件，必须计算对已建模的各种市场风险因素的敏感性。

为了说明对市场风险因素敏感性的计算，首先假设投资组合的市场价值由 MP 给出。现在考虑一下人民币互换曲线的 10 个基点。假设人民币互换曲线动态捕捉到以美元计价的公司债券的系统风险，那么所有以人民币计价的债券的收益率都会变化 10 个基点。在这种情况下，如果投资组合中持有以人民币计价的公司债券，则投资组合的市场价值不同。通常将该风险因素表示为 k，在基点中第 k 个风险因素的敏感性如下

$$S_B^k = 10000 * \frac{M_B^k - M_B}{M_B} \qquad (7-18)$$

在等式中，M_B^k 是风险情景下投资组合的新市场价值。这里介绍的风险因素敏感性在制定优化问题时非常有用，可以找到复制给定公司债券基准风险因素的投资组合。

第 7 章 极端市场利率风险下考虑交易对手风险的债券投资组合优化策略研究

为了选择可实现的投资组合，必须制定优化问题，以便与基准相比选择有效的投资组合。对于这种优化问题，投资组合的预期收益和市场风险敞口是约束函数。为了帮助制定优化问题的约束函数，将建模的市场风险因素集 N_β 和可在投资组合中持有的允许债券集表示为 N_α。

本文定义了六个市场风险因素，并指出了如何确定投资组合层面上对这些风险因素的敏感性。然而，建立最优投资组合选择问题的约束函数，需要知道在单个债券层面上对各种市场风险因素的敏感性。第 i 笔债券基点对第 k 项市场风险因素的敏感性可通过以下公式确定

$$f_{ik} = 10000 * \frac{P_{b+c,i}^k - P_{b+c,i}}{P_{b+c,i}} \qquad (7-19)$$

7.3 极端利率情况下具有 CRMW 保障的最优投资组合模型构建

前一章讨论了用分析方法量化投资组合利率风险：利用影响利率变动的两个最重要因素，即平展风险和扭曲风险，对组合利率风险进行量化。尽管这两种衡量方法是有效的，但它们并没有完全模拟出信贷组合中的固有风险，这是因为损失的分布高度倾斜，具有尖峰厚尾的特点。因此，对于给定的置信水平，仅使用标准差信息很难估计损失分布尾部的信用损失。为了在更高的置信水平上计算信用损失，必须借助于蒙特卡罗技术来模拟损失分布。进行这种模拟的优点是可以从模拟的损失分布中计算出不同的尾部风险度量。在管理公司债券投资组合时，如果希望避免由于信用分散不足而产生的集中风险，计算尾部风险度量是极其重要的。本章简要介绍蒙特卡罗方法，并描述了进行蒙特卡罗模拟来产生信用损失分布所涉及的计算过程。然后介绍管理公司债券投资组合时的尾部风险度量，并说明如

何计算这些风险度量。

蒙特卡罗方法已成为现代金融中为复杂衍生证券定价和执行风险价值计算的一种有价值的计算工具。蒙特卡罗方法的一个重要优点是它们具有灵活性和易于实现。此外，功能强大的计算机提高了这些方法的效率。尽管如此，当应用于高维问题或如果感兴趣的区域不在分布的均值附近时，该方法仍然可能很慢，估计的标准误差可能很大。在这种情况下，需要进行大量的模拟运行，以合理的精度估计感兴趣的变量。估计参数的标准误差可以用控制变量技术或反抽样方法等传统的方差减少方法来减少。

本章将介绍实现上述目标的投资组合优化技术。首先，提供了一些债券投资组合优化的背景信息，并阐述为什么选择公司债券投资组合的定量方法具有吸引力。接下来是对优化方法的简要回顾，随后讨论了在使用优化技术进行投资组合选择时可能出现的实际困难。然后提出不同的方法，以制定一个优化问题的组合建设和组合再平衡。最后一部分，通过以市值加权公司债券为基准，论证了模型参数对最优投资组合构成的影响。

大多数读者都熟悉投资组合优化理论，在选择股票投资组合的背景下，表现出某些理想的风险回报权衡。投资组合优化理论研究的是在不明确列举和评估所有可能的选择的情况下，从一组满足某些期望的风险 - 回报权衡的选择中确定最佳投资组合组成的过程。识别最优候选组合过程的复杂性取决于优化问题的公式。广义上讲，优化问题可以分为线性规划问题和非线性规划问题。非线性规划问题的一种特殊情况是，目标函数是设计变量中的二次函数，而所有约束函数都是线性的。这样的最优化问题被称为二次规划问题。基于马科维茨理论的标准投资组合优化问题是一个二次规划问题。一般来说，好的问题公式是找到在实践中有用的优化问题解决方案的关键。这种技能通常是通过实践和使用优化理论获得的有关解决方案的优点、缺点和特性的知识来学习的。在这一节中,将讨论不同的优化问题的公式以及在寻找最优解时涉及到的相关复杂性,以作为债券投资组合选择问题的参考。在此操作之前,有必要介绍优化理论中常用的一些术语。优化问题的可行解是一个满足所有约束函数的解向量。一个优化问题的所有可行解的集合称为可行域。最小化问题的最佳解决方案需要找到一个可行的解决方案,使目标函数值最小化。

二次规划问题是一类目标函数为二次型且所有约束函数为线性的优化问题。大多数标准的投资组合选择问题都是在这个框架中制定的。将投资组合选择问题表述为二次规划问题是有吸引力的,因为当目标函数是凸时,存在计算效率高的方法来解决优化问题。在这种情况下,可以找到优化问题的全局最小值。一个二次规划问题可以表述为以下一般形式:

$$w^T Q w + 2 C^T x, x \in R^n \quad (7-20)$$

$$\sum_{i=1}^{n} w_i = 1$$

$$0 < w_i < 1, i = 1, 2, , , n$$

其中 Q 为债券 $n \times n$ 损失矩阵。

在正式构建优化模型之前,定义所研究的"债券 + CRMW"投资组合中,CRMW 对投资组合中债券的损失 L_{Por}(Loss of Portfolio)为:

$$L_{\text{Por}} = \omega^T * L$$

其中,$\omega^T = \{\omega_1, \omega_2, ..., \omega_n\}$ 表示投资组合中各"债券 + CRMW"权重组成的行向量,$L = \{L_1, L_2, ..., L_n\}^T$ 表示 n 只"债券 + CRMW"组合中损失总量组成的列向量。

其中$L_i = L_{ci} + L_{mi}$, $i=1,2,\ldots,n$, L_{ci}表示第i只"债券+CRMW"的信用损失，L_{mi}表示第i只"债券+CRMW"的市场损失。

在计算风险时，我们借鉴了CVaR的度量方法，与均值方差度量风险的方法不同，CVaR度量实际的平均损失。CVaR是指在一定的置信水平下，投资组合所面临的超过VaR的平均损失值，其数学表达式为

$$\text{CVaR}_\beta = E\left(f(\omega,\mu) \mid f(\omega,\mu) \geq \text{VaR}_\beta\right) \tag{7-21}$$

其中$f(\omega,L) = \omega^T L$。假设投资组合中有n种资产，ω为权重向量，这时目标函数变为

$$\min_\omega \text{CVaR}_\beta^L(\omega^T * L) \tag{7-22}$$

$$s.t. \sum_{i=1}^n \omega_i = 1$$

$$0 \leq \omega_i \leq 1, i=1,2,\ldots,n$$

其中，β为市场风险厌恶系数，ω_i代表投资组合中第i只债券的权重，$\omega = (\omega_1, \omega_2, \ldots, \omega_n)^T$，假定$L = \{L_1, L_2, \ldots, L_n\}^T$代表投资组合中各债券的损失向量，此时$L$即为各债券购买CRMW进行风险缓释后的信用损失水平与由场利率变动造成的损失水平之和。

根据Rockafellar和Uryasev提出的方法，CVaR_β^L值可通过如下函数计算获得

$$F_\beta(\omega,\alpha) = \alpha + \frac{1}{1-\beta} \int_{L \in R^n} \left[\omega^T * L - \alpha\right]^+ p(L) dL \tag{7-23}$$

其中，$[t]^+ = \max\{0,t\}$，α为投资组合的阈值即VaR值，β是CVaR风

第 7 章 极端市场利率风险下考虑交易对手风险的债券投资组合优化策略研究

险度量的置信水平。根据 CVaR 定义，假设 L 的分布是连续的，CVaR_β^L 对任意的 ω 是凸的，且 $F_\beta(\omega,\alpha)$ 是凸且连续可微函数。因此，对于任意的 ω，$\mathrm{CVaR}_\beta^\mu(\omega^T*L)$ 有如下等式

$$\mathrm{CVaR}_\beta^\mu(\omega*L) = \min_\omega F_\beta(\omega,\alpha) \tag{7-24}$$

即

$$\mathrm{CVaR}_\beta^\mu(\omega^T*L) = \min_\alpha \left(\alpha + \frac{1}{1-\beta} E\left(\left[\omega*L-\alpha\right]^+\right)\right) \tag{7-25}$$

因此，目标函数可以转换成如下等式计算

$$\min_\omega \mathrm{CVaR}_\beta^\mu(\omega*L) \equiv \min_{\omega,\alpha} F_\beta(\omega,\alpha) \tag{7-26}$$

借鉴 CVaR 思想来求解宏观经济波动较大下的最优投资组合，需要根据投资者对风险的厌恶程度来选择投资策略。经济学上把投资者的风险偏好分为三种类型：风险追求、风险中立和风险厌恶。当投资者风险偏好为风险追求，这时 β 趋向于 0，即投资者对于风险的置信度为 0，意味着投资者对于风险极度容忍而追求高收益。当投资者对风险的偏好为风险厌恶，这时 β 趋向于 1，表明投资者对风险极度厌恶，即认为所有超过某一标准的利率情况都是高风险情况。这时投资者便会偏向更为稳健的债券组合。

根据以上描述，该 CVaR 优化模型可转化为如下形式

$$\min_\alpha \left(\alpha + \frac{1}{1-\beta} E\left(\left[\omega*L-\alpha\right]^+\right)\right) \tag{7-27}$$

$$s.t. \sum_{i=1}^n \omega_i = 1$$

$$\omega_i \geq 0, i = 1, 2, , , n$$

$$-\omega^T * L \geq R$$

7.4 仿真分析

本节基于前文对"债券 + CRMW"的当前价值度量、信用损失和市场利率的损失测量、各信用债的利率敏感程度的研究，利用债券市场真实数据，借助 MatlabR2018b 软件对 CRMW 风险缓释结果、带有 CRMW 保障的最优投资组进行仿真分析，并对结果进行说明。

7.4.1 数据选取

1. 债券选取

本文选取了 2019-2020 年发行到期的一年期信用债为参考资产，共收集了三个信用等级的 8 只债券，分别为 AAA,AA+ 和 AA 级别，选取为具有代表性的债券类别。没有选择 AA- 和 B 级是因为低评级的债券符合条件的较少，且没有配置 CRMW。所选债券具体信息见表 7-3。

表 7-3 标的债券与相应 CRMW 的选取

编号	标的债券简称（发行主体信用评级）	CRMW 简称	债券票面利率	CRMW创设价格（元）	"债券+CRMW"收益率
1	19 荣盛 MTN002(AAA)	19 浙商银行 CRMW006	5.78%	0.9	4.88%
2	19 平煤化 MTN004(AAA)	19 浙商银行 CRMW015	7.00%	2.1	4.90%
3	19 伊泰 MTN001(AA+)	19 浙商银行 CRMW016	6.00%	1.2	4.90%
4	19 亨通 MTN00201(AA+)	19 中行 CRMW008	6.80%	2.5	4.30%

续表

编号	标的债券简称 （发行主体信用评级）	CRMW 简称	债券票面利率	CRMW创设价格（元）	"债券+CRMW"收益率
5	20 威高 MTN001(AA+)	20 浦发 CRMW002	6.50%	3.5	3.00%
6	20 东方医药 MTN001(AA)	20 徽商银行 CRMW003	6.70%	2.0	4.70%
7	20 诚泰租赁 ABN001(AA)	20 海通 CRMW001	7.20%	2.9	4.30%
8	20 富邦 SCP003(AA)	19 民生银行 CRMW002	5.18%	2.23	2.95%

注：表中 CRMW 创设价格表示 100 元标的债券搭配 CRMW 所需的费用。

2. 利率选取

本文选取了 2019-2021 年最能代表我国宏观市场行情变动的利率曲线，即 Shibor 利率互换曲线，数据源于同花顺数据库并导入 EXEL 表格，如图 7-1 所示。

图 7-1 Shibor 3M 利率互换曲线变动情况

7.4.2 双因子 CIR 模型的参数估计

为模拟违约强度的双因子 CIR 模型的随机过程，本文利用卡尔曼滤波方法对双因子 CIR 模型的参数进行估计，标的资产选取 2019-2020 年到期的一年期信用债。为使对市场风险环境的模拟更加贴合债券存续期内的市场环境，选取 2019 年 1 月 1 日到 2020 年 1 月 1 日的 356 天 AAA 级别、AA+ 级别、AA 级别债券的即期收益率与相应的国债收益率对违约强度进行参数估计，具体估计过程见附录。估计所得的 CIR 参数结果见表 7-4。

表 7-4　参数估计结果

特殊因子参数	信用债信用评级	θ_I^I	k_i^I	σ_i^I	λ^I	ρ_I
	AAA	0.0025	0.4886	0.2733	−0.1766	0.0114
	AA+	0.0060	0.5263	0.2873	−0.2978	0.4927
	AA	0.0090	0.5179	0.3766	−0.4785	0.4475
共性因子参数	—	θ^C	k^C	σ^C	λ^C	—
	—	0.0027	0.6092	0.1675	−0.3417	—
特殊因子参数	信用债信用评级	θ_I^I	k_i^I	σ_i^I	λ^I	ρ_I
	AAA	0.0040	0.4545	0.2542	−0.1766	0.0101
	AA+	0.0044	0.4269	0.2606	−0.2978	0.4730
	AA	0.0013	0.8770	0.4036	−0.4785	0.4441
共性因子参数	—	θ^C	k^C	σ^C	λ^C	—
	—	0.0089	0.1180	0.1049	−0.3417	—

根据表 7-4 中的参数估计结果可知，同一级别的两只债券共用一套 CIR 模型参数，各级别中两只不同债券的违约强度的差异是由违约强度初值决定。因此，需要利用卡尔曼滤波估计方法分别对每只债券的违约强度

初值进行计算。本文选取 8 只债券的发行起始日 15 天的时间序列数据，这是因为其包含了大部分债券发行之初的信息，通过计算得到各债券的违约强度初值见表 7-5。

表 7-5 违约强度初值估计

信用评级	债券代码	信用债名称	特殊因子初始值	共性因子初始值
AAA	101900439.IB	19 荣盛 MTN002	0.1069	0.1006
	101900760.IB	19 平煤化 MTN004	0.1137	
AA+	101900822.IB	19 伊泰 MTN001	0.1036	
	101901413.IB	19 亨通 MTN00201	0.1029	
AA	102000936.IB	20 威高（疫情防控债）MTN001	0.1025	
	102001994.IB	20 东方医药 MTN001	0.1018	
	082000082.IB	20 诚泰租赁（疫情防控债）ABN001 优先 B	0.1019	
	012003558.IB	20 富邦 SCP003	0.1016	

7.4.3 市场风险测算结果

上一节中定义的投资组合总风险度量提供了因收益率变化而产生的价格风险的近似度量。然而，重要的是要认识到，这些风险度量是在隐含的假设下得出的，即投资组合中每种债券的收益率都会发生相同的变化。在这种假设下，每一条曲线形状变化被限制为平行位移。请注意，平均收益率曲线是通过插值不同期限债券的有效收益率而获得的收益率曲线。投资组合持续时间和投资组合凸度在多大程度上捕获了收益率变化引起的市场风险，这取决于收益率曲线的平行移动在多大程度上代表了收益率曲线形状的变化。

为了研究平行位移是否解释了产量曲线形状变化的显著比例，可以使用历史数据检查平行位移解释的产量曲线可变性比例。如果收益率曲线的变化主要是平行变化，那么不同到期日的收益率变化应该是完全相关的。然而，经验证据表明，不同到期日的收益率变化具有很强的相关性，但并不完全相同，因此得出的结论是，平行变化并不能完全模拟收益率曲线的动态。当然，不同到期日的收益率变化具有强相关性的证据表明，收益率曲线形状的变化可以用相对较少的因素来解释。识别这些因素的一种方法是对产量变化的样本协方差矩阵进行主成分分解，这使得我们能够识别那些能够解释样本数据中总方差很大一部分的因素。简单来说，主成分分解是指通过原始随机变量的线性组合来构造新随机变量的过程，其主要目标是实现数据简化。在本例中，这些随机变量对应于每一条收益曲线的不同到期日的产量变化。

我们可以得出结论，两个主要成分，即水平位移和扭曲（收益率曲线变平或变陡）足以解释收益率曲线历史变化的很大一部分。基于这一证据，仅使用两个因素来建模收益率曲线风险。

表7-6中分别给出了单只债券的市场风险度量，通过计算利率互换曲线中平行和扭转部分所占比例，计算出相对于利率变动的敏感程度。从表中数据可以看出，随着债券评级的下降，对利率变动的敏感程度逐步扩大，由此可以分为利率相对敏感型债券和利率相对不敏感型债券，也可以看出债券的信用风险与利率风险呈现正比例关系，通常情况下，信用评级越高，信用风险越低，对利率的变动敏感程度也较小。反之，信用评级低的债券信用风险较高，对利率的敏感程度也较大。

第 7 章 极端市场利率风险下考虑交易对手风险的债券投资组合优化策略研究

表 7-6 各信用债对市场利率变动的敏感程度

信用评级	债券代码	信用债名称	Shift risk	Twist risk
AAA	101900439.IB	19 荣盛 MTN002	32.52	1.82
	101900760.IB	19 平煤化 MTN004	38.35	2.13
AA+	101900822.IB	19 伊泰 MTN001	40.05	2.22
	101901413.IB	19 亨通 MTN00201	52.88	2.90
AA	102000936.IB	20 威高（疫情防控债）MTN001	71.78	3.88
	102001994.IB	20 东方医药 MTN001	95.47	5.10
	082000082.IB	20 诚泰租赁（疫情防控债）ABN001 优先 B	98.40	6.86
	012003558.IB	20 富邦 SCP003	88.26	6.70

7.4.4 极端利率变化情况下具有 CRMW 保障的信用债投资组合优化策略

基于第 2 节和 3 节数值计算结果，在 8 只债券违约过程的不同情景下计算信用债违约概率，进一步依据式（3-9）得到具有 CRMW 保障的单只信用债的违约损失期望和方差值。

为得到 100 种可能情景下的债券违约概率，本文采用 Monte Carlo 方法模拟信用债违约概率存在的多种情景，运用第 3.1 节得到的双因子 CIR 模型生成了 1000 次违约强度。

利用以上仿真计算结果，依据公式得到各信用债随机损失的期望及方差见表 7-7 和表 7-8。

表 7-7　各信用债期望损失及方差（风险）（不具有 CRMW 保障）

信用债等级	信用债名称	损失期望	风险（方差）
AAA	19 荣盛 MTN002	0.0496	0.0011
	19 平煤化 MTN004	0.0551	0.0019
AA+	19 伊泰 MTN001	0.0610	0.0020
	19 亨通 MTN00201	0.0526	0.0015
AA	20 威高（疫情防控债）MTN001	0.0651	0.0022
	20 东方医药 MTN001	0.0959	0.0027
	20 诚泰租赁（疫情防控债）ABN001 优先 B	0.1067	0.0033
	20 富邦 SCP003	0.0147	9.0784e−05

表 7-8　各信用债期望损失及方差（风险）（具有 CRMW 保障）

信用债等级	信用债名称	损失期望	风险（方差）
AAA	19 荣盛 MTN002	−0.0085	5.9343e−05
	19 平煤化 MTN004	−0.0286	0.0017
AA+	19 伊泰 MTN001	−0.0151	4.4350e−04
	19 亨通 MTN00201	−0.0357	0.0012
AA	20 威高（疫情防控债）MTN001	−0.0680	0.0035
	20 东方医药 MTN001	−0.0487	0.0016
	20 诚泰租赁（疫情防控债）ABN001 优先 B	−0.0854	0.0011
	20 富邦 SCP003	−0.0038	2.7120e−05

以上两表中对比了标的债券配有 CRMW 前后的信用风险计算结果，也

第7章　极端市场利率风险下考虑交易对手风险的债券投资组合优化策略研究

显示了各债券的信用风险缓释结果。由图7-2中可以看到每只债券都有不同程度的风险降低，且有的债券缓释后的风险结果接近于零，即接近于无风险债券。这时，市场利率变动幅度大的情境下债券的信用风险不再是主要考虑的风险因素，转而重点关注市场利率波动较大时的市场风险因素。

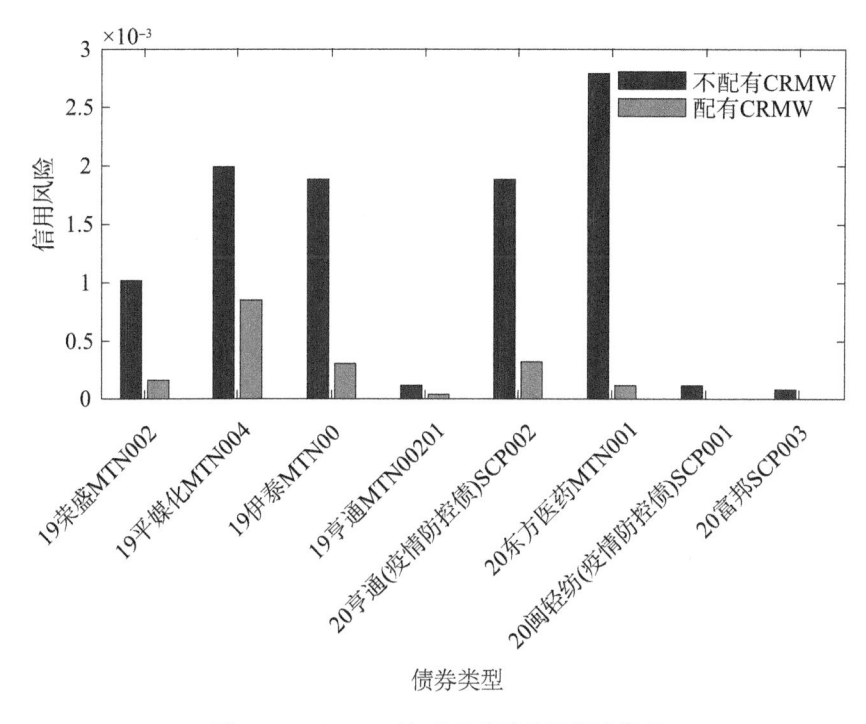

图7-2　CRMW对标的债券的信用风险缓释

进一步，依据式（7-27）寻求"债券+CRMW"稳健最优投资组合及稳健最优收益。式（7-27）包含不确定性参数 β，由式（7-25）可知，不确定性参数 β 的变化使得投资者的风险偏好发生变化，对于风险厌恶程度不同的投资者来说，其"最坏情况"下的最优投资组合成分配比 w 及最优收益不同，即信用债稳健最优投资组合及稳健最优收益改变。不同的 β 水平代表着对风险厌恶的不同程度，当 β 趋于0时代表对风险的容忍度较高，

当 β 趋于 1 时代表对风险的容忍度较低，极其厌恶风险。随着投资者预期收益目标水平的变动，投资组合的最优收益及债券配比也随之变动。

图 7-3 和图 7-4 分别代表不同投资组合收益目标下，在市场利率波动较大时，满足目标函数即投资组合风险最小时的投资组合最优配比选择与不同收益目标下的投资组合的有效前沿。从图 7-3 中仿真结果可以看出，当目标收益水平较低时，投资者为追求低风险，对于债券的选择较为多样化，即符合投资组合理论中"不把鸡蛋放进同一个篮子中"的资产分配思想。当对投资组合整体的期望收益水平逐渐升高时，为追求风险较为稳健的投资组合，可以看到投资组合中的比例渐渐偏向了利率不敏感型债券，即对于极端利率的变化情况反映较为稳健的债券，而减少了对利率敏感型债券的选择。图 7-4 则展示了不同期望收益变动时，实现投资组合目标函数的最有效前沿。

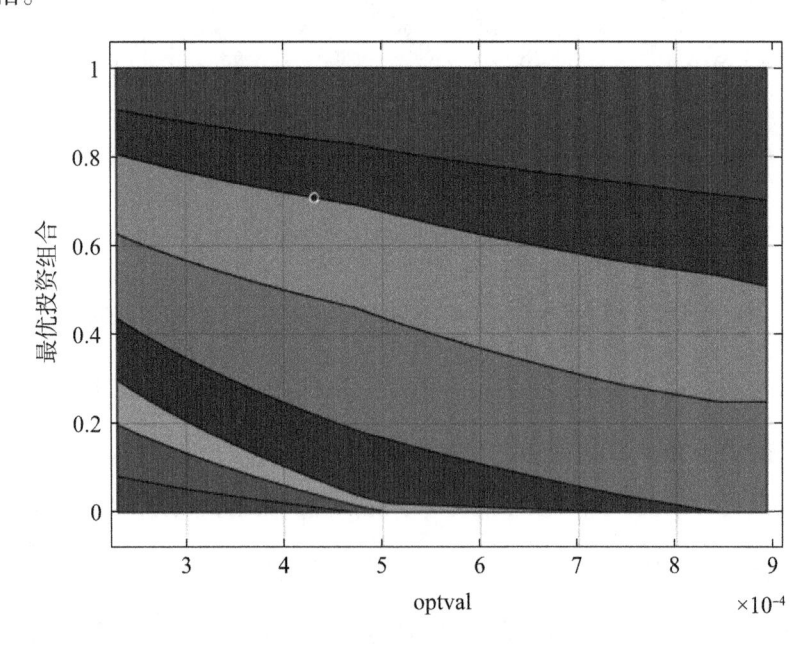

图 7-3 不同收益水平下投资组合信用风险最小化配比

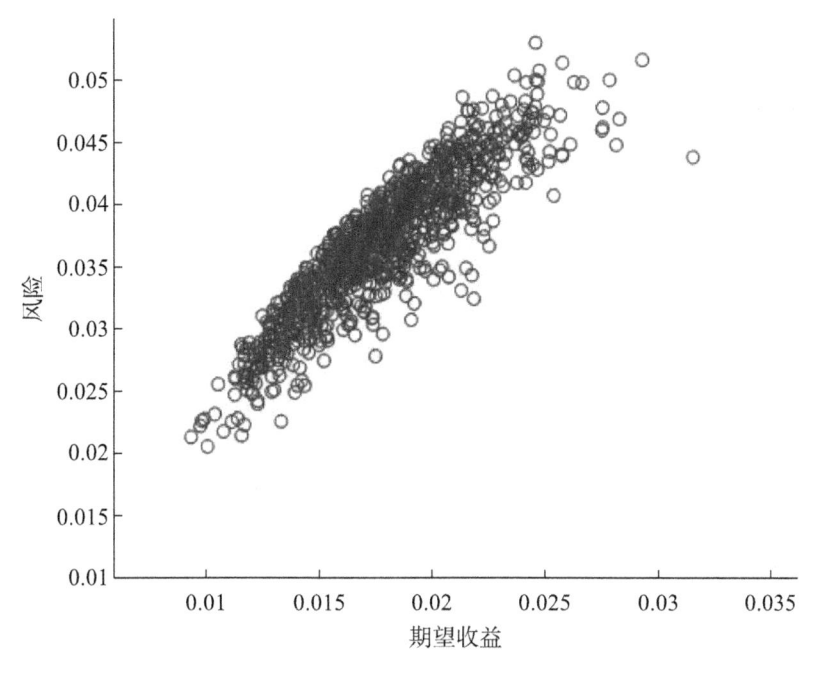

图 7-4　投资组合的有效前沿

图 7-5 展示了当模型中给定了目标收益率，组合的收益率会随着目标收益率的增大而增大，且随着不同厌恶水平 β 值的变动，组合收益率的变动较为平稳，这显示了模型的稳健性。

图 7-6 和图 7-7 分别展示了不同 β 和不同目标收益下的投资组合 CVaR 值。由图 7-6 的展示结果可知，同一风险偏好水平下，当增大投资组合的目标收益率，会增大投资组合的整体风险水平，这符合投资市场中收益越大风险越大的规律。并且随着置信度不断提高，债券投资组合的风险值也不断提高，并且在置信度大于 0.6 之后，组合的风险值以更陡的趋势上升，这表明在极端市场利率变动情况下，投资组合整体风险会随着资组合目标收益的上升而不断增加。图 7-7 也清晰展示了不同风险偏好水平下最优投资组合的整体风险水平。

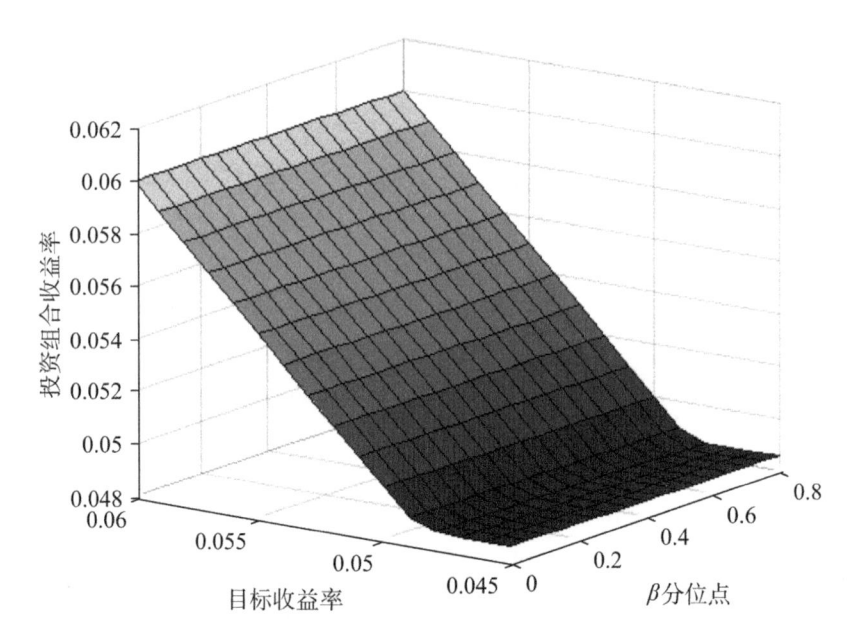

图 7-5　不同 β 和不同目标收益下的最优投资组合收益

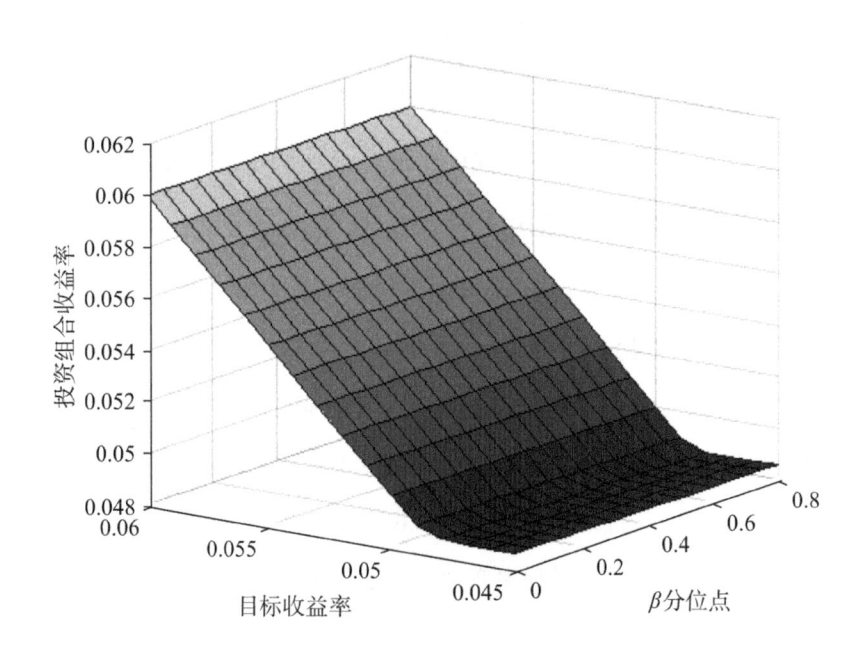

图 7-6　不同 β 和不同目标收益下的投资组合 CVaR 值

图 7-7 不同 β 水平下的投资组合 CVaR 值

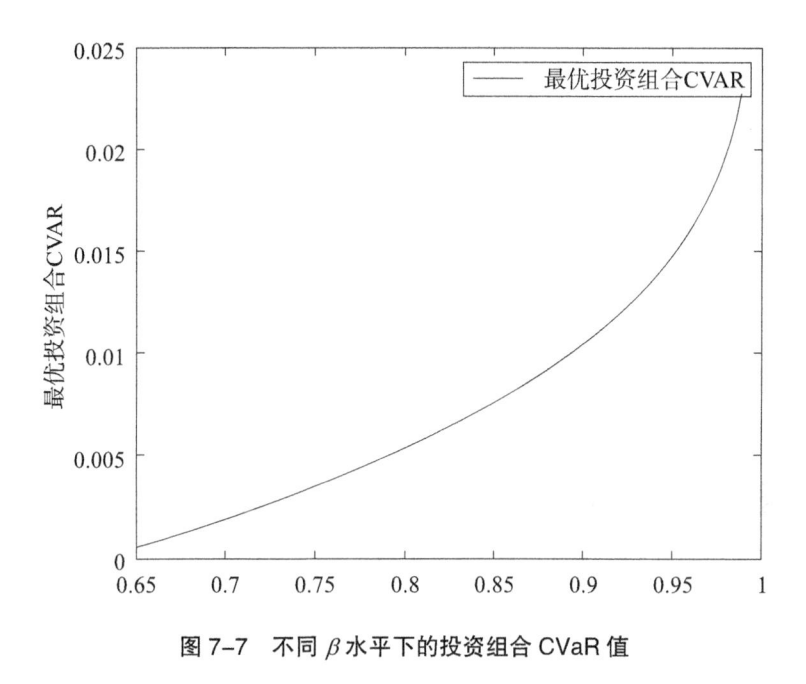

7.5 研究结论及未来展望

7.5.1 研究结论

本文将 CRMW 于中国债券相结合,构建了"债券 + CRMW"的信用风险和市场风险的测度模型,计算了"B+C"当前价值,并基于 CVaR 风险测度方法和马科维茨均值方差理论构建投资组合最优策略模型,为投资者债券最优投资组合配比提供参考。利用信用债市场的真实数据对 CRMW 风险缓释结果、投资组合最优收益进行仿真分析,并测算在交易对手风险存在下,CRMW 对于相应标的债券的风险缓释作用,并模拟了不同交易对手风险下各债券的缓释结果。仿真结果得出如下结论。

第一,随着债券评级的下降,对利率变动的敏感程度逐步增加,由此可以分为利率相对敏感型债券和利率相对不敏感型债券,也可以得出债券的信用风险与利率风险呈现正比例关系。通常情况下,债券信用评级越高,信用风险越低,对利率的变动敏感程度也较小;反之,信用评级低的债券信用风险较高,对利率的敏感程度也较高。

第二,对比标的债券配有 CRMW 前后的信用风险计算结果,也显示了各债券的信用风险缓释结果。由仿真图可以看到每只债券均出现不同程度的风险降低,且有的债券缓释后的风险接近于零,即接近于无风险债券。此时,在市场利率变动幅度大的情境下债券的信用风险不再是主要考虑的风险因素,转而重点关注市场利率波动较大时的市场风险因素。

第三,当风险厌恶水平较低时,投资者为追求高收益,对于债券的选择较为多样化,偏向对利率变动较敏感但收益率偏高的债券;当风险厌恶水平较高时,即投资者追求风险较为稳健的投资组合,投资组合中的比例渐渐偏向了利率不敏感型债券,减少了对利率敏感型债券的持有。

第四,模型中给定了目标收益率,组合的收益率会随着目标收益率的增大而增大。随着不同厌恶水平 β 值的变动,组合收益率的变动较为平稳,这显示了模型的稳健性。

第五,由不同 β 和不同目标收益下的投资组合 CVaR 值展示结果可知,同一风险偏好水平下,提高投资组合的目标收益率,会增大投资组合整体的风险水平,这符合投资市场中收益越大风险越大的规律。随着置信度不断提高,债券投资组合的风险值也不断提高,并且在置信度大于 0.6 之后,投资组合的风险值以更陡的趋势上升。这表明在极端市场利率变动情况下,投资组合整体风险会随着资组合目标收益率的上升而不断增加。图 7-7 中清晰展示了不同风险偏好水平下最优投资组合的整体风险水平。

7.5.2 未来展望

由于中国债券市场违约频发,且近些年国际金融宏观大环境变动剧烈,投资者的风险考虑将变得越来越重要,CRMW 更应该得到广泛的运用以激发市场投资活力。笔者对于两种风险的考虑较为粗略,接下来的研究会考虑两者的交互影响以得到更为准确的策略结果。考虑 CRMW 各交易方的违约相关性,也将是后续研究的重点问题。

参考文献

[1] Ahlip R, Rutkowski M. Pricing of foreign exchange options under the Heston stochastic volatility model and CIR interest rates[J]. Quantitative Finance, 2013, 13(6): 955–966.

[2] Allen F, Carlett E i. Credit risk transfer and contagion[J]. Journal of Monetary Economics, 2006, 53(1): 89–111.

[3] Bajeux-Besnainou I. Belhaj R, Maillard D, et al. Portfolio Optimization under Tracking Error and Weights Constraints[J]. Journal of Financial Research, 2011, 34(2): 295–330.

[4] Bawa V S. Admissible Portfolio for All Individuals[J]. Journal of Finance, 1976, 31(4): 1169–1183.

[5] Bernaschi M, Torosantucci L, Uboldi A. Empirical evaluation of the market price of risk using the CIR model[J]. Physica A: Statistical Mechanics and its Applications, 2007, 376(15): 543–554.

[6] Beyhaghi M, Massoud N, Saunders A. Why and how do banks lay off credit risk? The choice between retention, loan sales and credit default swaps[J]. Journal of Corporate Finance, 2017, 42: 335–355.

[7] Black F, Cox J C. Valuing Corporate Securities: Some Effects of Bond Indenture Provisions[J]. The Journal of Finance, 1976, 31(2): 351–367.

[8] Black F, Scholes M. The Pricing of Options and Corporate Liabilities[J]. Journal of Political Economy, 1973, 81(3): 637–654.

[9] Bolder D. Affine Term-Structure Models: Theory and Implementation[J]. Working Papers, 2001, 31(1–15): 214.

[10] Briys E, Varenne F D. Valuing Risky Fixed Rate Debt: An Extension[J]. The Journal of Financial and Quantitative Analysis, 1997, 32(2): 239–248.

[11] Chen C, Kwon R H. Robust portfolio selection for index tracking[J]. Computers & Operations Research, 2012, 39(4): 829-837.

[12] Cox J C, Ingersoll J E, Ross S A. A Theory of the Term Structure of Interest Rates[J]. Econometrica, 1985, 53(2): 385-407.

[13] Duffie D. Innovations in Credit Risk Transfer: Implications for Financial Stability[J]. BIS Working Papers, 2008: 255.

[14] Duffie D, Singleton K. Modeling Term Structures of Defaultable Bonds[J]. Review of Financial Studies, 1999,12(4), 197-226.

[15] Fishburn P C. Mean-Risk Analysis with Risk Associated with Below-Target Returns[J]. American Economic Review, 1977, 67 (2): 116-126.

[16] Gaivoronski A A, Krylov S, Wijst N V D. Optimal portfolio selection and dynamic benchmark tracking[J]. European Journal of Operational Research, 2005, 163(1): 115-131.

[17] Ghaoui L E, Oks M, Oustry F. Worst-Case Value-at-Risk and Robust Portfolio Optimization: A Conic Programming Approach[J]. Operations Research, 2003, 51(4): 543-556.

[18] Heyde F, Neyer U. Credit Default Swaps and the Stability of the Banking Sector[J]. International Review of Finance, 2010, 10 (1), 27-61.

[19] Jarrow R. Credit market equilibrium theory and evidence: Revisiting the structural versus reduced form credit risk model debate[J]. Finance Research Letters, 2011, 8(1): 2-7.

[20] Jarrow R, Lando D, Turnbull S. A Markov Model for the Term Structure of Credit Risk Spreads[J]. Review of Financial Studies, 1997, 10(2), 481-523.

[21] Jarrow R, Turnbull S. Pricing Derivatives on Financial Securities Subject to Credit Risk[J]. The Journal of Financial, 1995, 50(1): 53-85.

[22] Jiao Y, Ma C, Scotti S. Alpha-CIR model with branching processes in sovereign interest rate modeling[J]. Finance and Stochastics, 2017, 21(3): 789-813.

[23] Lando D. On Cox Processes and Credit Risky Securities[J]. The Review of Derivatives Research, 1998, 2(2-3), 99-120.

[24] Liang J, Ma J M, Wang T, et al. Valuation of Portfolio Credit Derivatives with Default Intensities Using the Vasicek Model[J]. Asia-Pacific Financial Markets, 2011, 18(1): 33-54.

[25] Longstaff F A, Schwartz E S. A Simple Approach to Valuing Risky Fixed and Floating Rate Debt[J]. Journal of Finance, 1995, 50(3): 789-819.

[26] Madan D, Unal H. Pricing the Risks of Default[J]. Review of Derivatives Research, 1998, 2, 121-160.

[27] Mamon R S. Three ways to solve for bond prices in the Vasicek model[J]. Journal of Applied Mathematics and Decision Sciences, 2004, 8(1): 1-14.

[28] Markowitz H. Portfolio Selection[J]. Journal of Finance, 1952, 7(1): 77-91.

[29] Merton R C. On the pricing of corporate debt: the risk structure of interest rates[J]. The Journal of Finance, 1973, 29(2): 449-470.

[30] Natarajan K, Pachamanova D, Sim M. Incorporating Asymmetric Distributional Information in Robust Value-at-Risk Optimization[J]. Management Science, 2008, 54(3): 573-585.

[31] Norden L, Wagner W B. Credit derivatives and loan pricing[J]. Journal of Banking & Finance, 2008, 32(12): 2560-2569.

[32] Philippe J. Portfolio Optimization with Tracking-Error Constraints[J]. Financial Analysts Journal, 2003, 59(5): 70-82.

[33] Rockafellar R T, Uryasev S. Optimization of Conditional Value-At-Risk[J]. The Journal of Risk, 2000, 2(3): 21-41.

[34] Rockafellar R T, Uryasev S. Conditional value-at-risk for general loss distributions[J]. Journal of Banking & Finance, 2002, 26(7): 1443-1471.

[35] Roll R. A Mean/Variance Analysis of Tracking Error[J]. The Journal of Portfolio Management, 1992, 18(4): 13-22.

[36] Roy A D. Safety-First and the Holding of Assets[J]. Econometrica, 1952, 20(3): 431-449.

[37] Siu T K. Bond pricing under a Markovian regime-switching jump-augmented Vasicek model via stochastic flows[J]. Applied Mathematics and Computation, 2010, 216(11): 3184-3190.

[38] Stulz R. Credit Default Swaps and the Credit Crisis[J]. The Journal of Economic Perspectives, 2010, 24 (1): 73-92.

[39] Subrahmanyam M G, Tang D Y, Wang S Q. Does the Tail Wag the Dog? The Effect of Credit Default Swaps on Credit Risk[J]. Review of Financial Studies, 2014, 27 (10): 2926-2960.

[40] Terzi N, Uluçay K. The Role of Credit Default Swaps on Financial Market Stability [J]. Procedia - Social and Behavioral Sciences, 2011, 24: 983-990.

[41] Vasicek O. An equilibrium characterization of the term structure[J]. Journal of Financial Economics, 1977, 5(4): 627-627.

[42] Zhu S S, Fukushima M. Worst-Case Conditional Value-at-Risk with Application to Robust Portfolio Management[J]. Operations Research, 2009, 57(5): 1155-1168.

[43] 谢赤, 吴雄伟. 基于 Vasicek 和 CIR 模型中的中国货币市场利率行为实证分析 [J]. 中国管理科学, 2002(3): 22-25.

[44] 范龙振, 张国庆. 两因子 CIR 模型对上交所利率期限结构的实证研究 [J]. 系统工程学报, 2005, 20(5): 447-453.

[45] 朱世武, 陈健恒. 利用均衡利率模型对浮动利率债券定价 [J]. 世界经济,

2005(2): 48-59.

[46] 林茂, 杨丹, 朱南. 银行利率风险管理的二元目标: 一致拟或冲突 [J]. 投资研究, 2014(2): 6-23.

[47] 马超群, 马宗刚. 基于 Vasicek 和 CIR 模型的巨灾风险债券定价 [J]. 系统工程, 2013(9): 33-38.

[48] 巢文, 邹辉文. 基于双指数跳跃扩散模型的长寿债券定价研究 [J]. 中国管理科学, 2017(09): 50-56.

[49] 李鸿禧, 迟国泰. 基于违约强度信用久期的资产负债优化模型 [J]. 系统工程理论与实践, 2018, 38(6): 1387-1403.

[50] 李平, 李芳芳, 刘洁, 等. 考虑展期风险的可赎回 CoCo 债券定价 [J]. 管理科学学报, 2019(4): 16-26.

[51] 翟舒毅. 信用风险缓释工具助力民营企业发债融资分析 [J]. 新金融, 2019, 360(01): 49-53.

[52] 岳鹰, 董加加. "债券+CRMW" 模式的政策效果评估与发展建议 [J]. 中国银行业, 2019, 63(03): 84-86.

[53] 郭锐. 完善 CRMW 制度建设 [J]. 中国金融, 2019(03): 65-66.

[54] 吴振翔, 陈敏, 叶五一, 等. 基于 Copula-GARCH 的投资组合风险分析 [J]. 系统工程理论与实践, 2006(03): 47-54.

[55] 胡经生, 王荣, 丁成. VaR 方法及其拓展模型在投资组合风险管理中的应用研究 [J]. 数量经济技术经济研究, 2005(05): 141-150.

[56] 周孝华, 张保帅, 董耀武. 基于 Copula-SV-GPD 模型的投资组合风险度量 [J]. 管理科学学报, 2012(12): 74-82.

[57] 高莹, 黄小原. 具有 VaR 约束的跟踪误差投资组合鲁棒优化模型 [J]. 中国管理科学, 2007, 15(1): 1-5.

[58] 陈国华, 陈收, 房勇, 等. 带有模糊收益率的投资组合选择模型 [J]. 系统工程理论与实践, 2009, 29(7): 8-15.

[59] 任大源, 徐玖平, 黄南京, 等. 含交易成本和机会成本的极小极大多期投资组合选择模型 [J]. 系统工程理论与实践, 2012, 32(1): 11–19.

[60] 张春梅, 陈志平. 基于 CVaR 的相对鲁棒投资组合问题研究 [J]. 工程数学学报, 2013(04): 55–64.

[61] 陈正声, 秦学志. 考虑交易对手间三种违约相关情景下的 CDS 定价——基于单因子 Copula 模型的模拟 [J]. 系统管理学报, 2017, 26(03): 512–517.

[62] 邓洋, 何旭彪. 基于条件蒙特卡罗方法的信用违约互换合约定价 [J]. 系统工程理论与实践, 2017,37(08): 2043–2051.

[63] 王佳, 金秀, 苑莹, 等. 基于损失厌恶和模糊厌恶的分布鲁棒投资组合模型 [J]. 系统工程理论与实践, 2016, 36(02): 288–296.

[64] 李军, 周建力. 考虑复杂约束的鲁棒均值 –CVaR 投资组合模型及粒子群算法 [J]. 控制与决策, 2016, 31(12): 2219–2224.

后 记

书稿付梓之际,回想起本书的成稿过程,让我再次体味到周围同事对我帮助的点点滴滴。尽管可能只是一句简单的话语,但是会让我倍感温暖。是大家的热情帮助给予了我莫大的鼓励,充分感受到了"草原人民"间的真诚与豪放。

一提起对呼和浩特春天的印象,很多人总是和风沙、干冷联系在一起,鲜有人赞美呼和浩特的春天。其实,被称作"青城"的呼和浩特,近几年风沙少了。初春季节,远处泛着赭红色的大青山也能透出些许绿意。尤其是风停的时候,望着蓝蓝的天空与悠悠的白云,独享处于半高原地带的正午暖阳,让人感觉由衷的满足。积蓄了一冬天的能量,万物竞相迸发生机。这里的春尽管来得晚些,但是夏天和北京却几乎是同步的,总能让人在短时间内感受到满眼的绿意。更难能可贵的是,昼夜的大温差使盛夏居住在这里的人们可以尽享凉爽与惬意。

经过寒冷的孕育与"小风沙"的洗礼,于春夏之交的时节,本书终于完稿,就像这个城市,尽管没有江南水乡的柔婉与曼妙,也没有海边城市的旖旎与壮阔,但是,我相信本书的内容,恰如"青城"唯美的"小清新"之姿,给从事该方向研究的读者一些启迪。

本书汇总了作者和所带研究生多年的合作研究成果（如邢伟泽、游玮、赵文静、王雪涛等），同时引用了很多其他学者的研究成果（含没有出现在参考文献中的作者），在此深表感谢！

杨瑞成

2023.7